판피린 프라하

정인교

名金堂

차 례

프라하에서 · 7

한국에서 · 137

AI 해설 · 145

프라하에서

우크라이나 여주인이 운영하던 심플리 호스텔은 현재 폐업하여 존재하지 않는다. 거기서 세 달을 보내며 다양한 사람들을 만나고 생활했던 이야기를 해보려고 한다. 체코 프라하에 위치한 심플리 호스텔을 찾았던 건 한국의 취업 시장에서 도망가기 위해 그리고 새로운 삶의 방식을 도모하고 싶어서였다. 심플리 호스텔은 프라하 중심지가 끝나는 도심 외곽선에 위치해 있었고 그래서 그 뒤로 프라하 근교로 빠져나가는 고속도로가 지나갔으며 근처에는 시외로 가는 기차역도 있었다. 고속도로를 넘으면 우리가 잘 알고 있는 관광지 프라하가 아닌 사람이 살고 있는 동구권 유럽 같은 다소 황량하다면 황량한 프라하가 보였다.

연식이 오래된 호스텔 건물에서 처음 놀란 것은 엘리베이터에서였다. 안내인이 나를 4층으로 안내하며(개나리색 머리칼을 가진 몰도바 여인이었다) 웬 나무 궤짝 같은 곳에 들어가라고 했을 때 본능적으로 멈칫했다. 궤짝은 옛날식 은색 버튼을 누르면 철컥하고 올라가는 초창기 시절 엘리베이터였고(백 년은 됐으려나) 4층에 도착해서는 *삐*- 하고 원초적인 부호음을 냈는데 문도 내가 직접 열어야만 했다. 그리고 당연히 정상적으로 엘리베이터를 운영하기 위해선 문도 꼭 닫아야 했다. 문을 닫지 않으면 통로 쪽으로 문이 대롱대롱 나가 아무도 이용하지 못했다.

보안 문으로 관리된 호스텔 내부는 다행히 바깥보다는 사정이 나았다. 내가 배정받은 도미토리룸의 천장이 무척 높았고 방에는 모르는 외국인 하나가 누워있었다. 군대 막사 같은 철제 침대에는 국방색 매트리스와 그리고 여러 번 세탁해 색이 바랜 알록달록한 동구식 이불이 놓여 있었다. 누워있는 남자의 이름은 다빗 베글러(David Beglar). 조지아에서 태어난 아르메니아인이라고 했다. 조지아에서 난 아르메니아인? 조지아에서 났으면 조지아인이지 웬 아르메니아인? 그때까진 몰랐지만 아르메니아 혈통을 지니고 있는 사람은 어디에서 태어나 어떤 국적을 가졌든 아르메니아 피를 가졌으면 아르메니아인이라며 조국에 대한 강한 자부심을 나타냈다. 나중에 한 러시아인을 만나기도 했는데 그녀도 자기를 소개하길 〈하프 러시안 하프 아르메니안〉이라고 했다. 덧붙여 아버지가 어릴 적 돌아가셔서 〈하지만 아르메니아어는 할 수 없는 아르메니아인〉이라고 강조했다.

6월 초의 프라하는 아직 관광객이 많지 않았다. 여기서 많지 않았다는 의미는 관광객이 적다는 게 아니고 최고치가 아녔다는 의미로 알다시피 프라하는 유럽에서도 유명 관광지였다. 모든 국가에서 모여드는 관광은 큰 산업을 이뤘다. 왜 이곳을 찾는가? 어느 네덜란드인은 그 이유를 〈헴프를 하기 가장 쉽고 접근성이 좋아서〉라고 했다. 그건 그의 이유이겠고 물가가 싸고 구도심이 예쁘게 잘 보존되어서겠지(프라하 구도심은 유럽에서 보존이 제일 잘 된 곳 중 하나라고 한다).

방에는 다빗과 내가 장기 숙박객으로 머물고 날마다 바뀌는 멤버가 둘, 셋씩 있었는데 어느 날 루카 세베(Lucas Cebe)라는 프랑스인이 장기 숙박객으로 들어왔다. 다빗은 루카가 프랑스인이면서 그래도 영어를 좀 하려고 한다는 점을 높이 샀다. 〈이탈리아인이랑 프랑스인은 언어에 자부심이 강해서 할 수 있어도 영어를 안 쓴다.〉 루카가 말하길 대부분의 프랑스인은 영어를 배울 생각이 없고 영어를 할 줄 알아도 일부러 사용하지 않는다고도 했다. 프랑스 남부 도시 툴롱에서 왔다는 루카는 영어를 배우는 이유가 나중에 비즈니스맨이 되고 싶어서라고 했다. 루카는 영어를 잘하진 못했지만 뭐랄까, 내가 못하는 건 크게 중요하지 않고 나는 너에게 내 의사를 영어로 전달하겠어, 라는 쿨한 태도로 못 하는 것에 개의치 않고 접근했다. 샹송을 부르듯이 ㅎ뤼, ㅎ엉, ㅎ위 의 발음이 섞인 영어를 구사했던 루카는 그런 태도로 영어가 빨리 늘었다. 특히 영어를 두려워하지 않는 태도는 더 빨리 늘었다.

공교롭게도 다빗과 루카 모두 삼성폰을 쓰고 있었다. 당시 한국에 대한 반발심이 강했던 나는 삼성에서 (비정규직으로) 일도 해봤고 삼성 별것 없다고 오만하게 말했다.

버그도 많고 기계도 2년이면 고장 나 발열 문제도 있다고 (당시 나는 LG 보급폰을 쓰고 있었다). 그건 그저 대한민국의 성공을 깎아내리려는 치기에서 나온 오만함이었다. 그런데 다빗과 루카는 무슨 말을 하는 거냐면서 삼성이 얼마나 좋은 폰이고 전 세계적으로 얼마나 많이 팔렸는지 그리고 안드로이드 중에서는 감히 비교할 게 없는 최고의 브랜드라고 성토했다. 너무도 진심으로 말하는 바람에 내가 지금까지 괜히 편파적인 선입견을 갖고 있던 것은 아닌지 스스로 검토해 보게 했다. LG? 삼성보다 못하잖아. 화웨이? 아니지. HTC? 아니지. 샤오미? 그것도 아니야. 그럼 부정할 순 없는 거 아닌가.

다빗이 말하길 유럽에서는 애플 아니면 삼성만 쓴다고 했는데 자기 주변에는 삼성 사용자가 더 많다고 했다. 루카도 고향에서 반반 정도 되는 것 같다고 했다. 과거 대학교 경영학과 수업에서 이와 관련해 들은 적이 있었다 (공대생 출신이지만 문과는 어떠한 것인지 경영학 수업도 들어봤다). 독일에서 온 한 여학생이 〈삼성이 유럽에 침투한 마케팅 전략은 매우 성공적이고 모범적이라고 저희 대학교수님이 그랬어요.〉라며 칭찬했다. 그게 2012년 이야기다. 그

프라하에서 11

리고 몇 년이 지난 시점에서 그 말은 정말 사실인 것 같았고 삼성의 입지는 더욱 견고해진 것 같았다. 나는 자신들의 삼성폰을 들고 따봉을 날리는 다빗과 루카의 사진을 찍어 줬다(?). 도미토리 방에서의 그 술자리가 우리의 첫 술자리였다. 그 후로 우리는 기숙사 룸메이트처럼 친해졌다.

나는 새로운 삶의 방식을 도모하기 위해 한국에서와 다른 일상을 준비했다. 한국에서는 아침에 일어나면 도서관에 가서 취업 준비를 했다. 자기소개서 작성과 채용 스케줄 확인, 기업 조사 약간과 인적성검사 문제풀이가 보통이었다. 해가 지면 삼성 디지털미디어시티 앞 매탄동의 이자카야에서 아르바이트를 했다. 밤늦게 돌아와서는 밥을 먹고 하루를 마쳤다. 한국의 일상은 이랬다. 프라하에서는 조금 달랐다. 똑같이 아침에 일어나 프라하 시립 도서관(Městská knihovna v Praze)으로 갔다. 지하 1층 소극장 옆에 있는 커피 자판기에서 이백 원짜리 블랙커피 한 잔을 뽑고 도서관 2층에서 책을 읽고 글을 썼다. 한국에서 가져온 작가는 세 명이었다. 곰브로비치의 『페르디두르케』와 로베르트 무질의 『특성 없는 남자』 『생전 유고 어리석음에

대하여』 그리고 밀란 쿤데라의 『웃음과 망각의 책』. 곰브로비치, 로베르트 무질 모두 밀란 쿤데라가 칭송했던 작가로 나는 쿤데라의 『소설의 기술』에서 그들을 알게 됐다. 그때의 나는 곰브로비치와 무질의 중간쯤 되고 싶었다. 어쨌든 한국에서 이미 완독했던 그것들을 프라하에서 처음부터 다시 읽었다. 전 문장을 이해하고 내 것으로 만들고 싶었다. 그리고 나도 그와 같은 어떤 것 특히 밀란 쿤데라 같은 대존재에게 칭송받을 어떤 것을 만들고 싶었다. 꽤 거창하면서도 의미심장한 계획. 그러나 글이란 무척 시간이 오래 걸린다는 것을 깨닫기까지 오랜 시간 고통스러야 했다.

당시의 나는 얼마의 독서가 도움이 되고 얼마의 독서가 독으로 전환되는지, 얼마의 쓰기가 도움이 되고 얼마의 쓰기가 독이 되는지 아무것도 몰랐다. 의례 관습적으로 무조건 많이, 열심히, 치열하게 할수록 그 양에 비례해 좋은 글이 나오는 줄 알았다. 그래서 6시간, 8시간 죽치고 앉아 글을 읽고 썼다. 장소가 어떤 영향을 미치고 장소에도 제한된 시간이 있다는 것도 몰랐다. 장소가 펜 끝에 미치는 시간별 영향력을 감지하지 못했던 나는 그저 장고에 장고를 거듭하면서 터무니없는 이야기를 내뱉느라 머릿

속을 불태우고 또 불태웠다. 또한 육체가 글에 어떤 영향을 미치는지도 몰랐다. 피가, 혈행이, 교감신경이, 말초신경이 어떻게 준비돼야 쓸 수 있는지 몰랐다. 괴로운 시간이었다. 그렇게 해서 나온 글에 하는 의미 부여는 더욱 가관이었다. 크게 거만한 성격은 아니지만 마음속으로 아주 약간의 자부심을 단단한 총알처럼 지니고 다녔다. 그리고 한국으로 돌아가 취직을 하라는 내면의 금언이 빼꼼 고개를 내밀면 총알을 쐈다. 빵, 매우 세밀하고 정밀한 이야기를 쓰고 있지 않냐고. 전혀 그렇지 않은데 단지 많이 열심히 했다는 이유로 말이다. 그러나 그렇게라도 하지 않았으면 쓸데없는 일을 한다는 자괴감에 버티지 못했을 것이다.

온종일 도서관에 앉아 있으면서 끼니는 도서관 간이 카페에서 파는 가장 저렴하면서 가장 양 많은 텁텁 샌드위치로 배를 채웠다(햄이 두 장, 얇은 치즈가 한 장이었다). 식사를 위해선 블타바강으로 나가 아무 화단에 앉아 샌드위치를 먹었다. 저 멀리 언덕에는 비투스 대성당이 우뚝 서 있었고, 비단결 같은 강물이 하얀 기름처럼 내내 부드럽게 흘렀다. 나는 선글라스로 브라운 필터 보정된 도시를 숨

쉬는데 내가 거리의 관광객보다 아주 약간은 현지스러운 생활을 한다는 점에서 왠지 모를 안도감이 들었다. 그렇게 불탄 머리를 바람결에 식히곤 했다.

태양이 지평선 가까이 낮은 사선으로 걸리면 저녁을 먹기 위해 가방을 싸 심플리로 돌아갔다. 16세기 건축물들에도 사선의 주홍 햇살이 걸려 있었다. 검은색 화약탑을 지나 숙소로 돌아가면 부엌에서 파스타를 만들어 먹었다. 파스타는 가장 저렴한 음식에 속했다. 마트에서 스파게티 면은 1kg에 천 원도 안 했고, 처음에는 토마토소스도 사 먹기도 했지만 무려 프랑스인 루카가 케첩으로 소스를 대신하는 것을 보고 나도 가끔은 하인즈 케첩으로 해 먹었다. 루카와 다빗 모두 파스타에 치즈는 꼭 올려 먹었는데 나도 그것을 따라 테스코에서 저렴하고 노란 체코 치즈를 사 와 파스타에 올려 먹었다. 한층 현지 밀착형 맛이라 믿으며. 파스타로 배를 왕창 채우면 십오 분간 수면을 취하고 다시 나갔다. 시간은 엄청 많았고, 인터넷은 되게 느렸고, 도시는 언제나, 언제나 열려 있었다. 한 손에는 아버지가 쓰시던 필름 카메라를 들고 호주머니에는 백 코룬을 챙겨(당시 환율로는 오천 원 돈. 한국 체감상으론 만원 돈) 발길

닿는 아무 곳이나 갔다. 하늘은 저녁을 먹고 난 그 시각이면 온통 분홍빛이었다. 분홍 구름과 그것을 반사하는 블타바강 사이의 분홍 지천에서 나는 스케이트보드 타는 까까머리 아이들, 도심 외곽의 체코식 아파트, 그들의 동네 공원, 천장이 떨어질 것 같은 대학 건물, 강둑에 다리를 내놓고 편하게 앉아 있는 젊은이들, 선상 레스토랑, 체코 브릿지를 지키고 있는 청동 천사상들을 되는대로 구경했다. 천으로 눈을 감싼 천사는 체코 브릿지와 함께 프라하를 지키고 있었다.

태양이 완전히 저물고 도시가 점입가경 밤 속으로 접어들면 나는 더욱 모르는 곳을 향해 직선으로 나아가봤다. 강을 따라 놓인 어둠의 간이 화장실들과 그 주변의 선상 주점에는 서로가 보이지 않는 사람들이 달빛을 구걸하며 은은한 얼굴로 맥주를 마시고 있었다. 그에 반해 왁자지껄 너무도 활기찬 골목을 돌면 또 아무 색이 없는 새파란 길가가 세상을 향한 노숙인의 포기처럼 그 어떤 조명도 포기하고 덩그러니 내앉아 있었다. 그러다 모르는 방향을 통해 틀어 들어온 프라하 도심은 매번 새로운 각도로 자신을 내보여줬다. 이렇게 가면 이곳이 나오는구나. 밤에는 동유럽을 혼자 다니는 것이 위험하다고 하는데 나는 그냥 돌아다녔다. 심플리에만 있을 순 없었다. 약 파는 아프리카형이 손목을 낚아챈 적도 있었지만 나는 그것을 뿌리치고 그냥 다니는 편이었다. 운 좋게도 특별히 무슨 일이 있었던 적은 없었다. 소매치기도, 이상한 사람을 만난 적도 없었다. 다빗은 〈프라하가 유럽에서 제일 안전하다〉고 하기도 했다. 도심에는 장총으로 무장한 경찰관들이 배치돼 있었다. 그때는 유럽 곳곳에 IS 테러가 발생하던 시절이었다.

심플리로 돌아오는 길이면 밤 11시가 조금 되지 않았다. 나는 11시 정각에 마감하는 대형 슈퍼마켓 빌라(Billa)에 들러 맥주 코너를 기웃거렸다. 잘 알려졌다시피 체코는 세계 최고의 1인당 맥주 소비량을 자랑하는 맥주 강국이다. 맥주 코너에 가면 수입 맥주 없이도 자국 맥주만으로 맥주 코너 전체를 채웠다. 그것도 마트마다 품목 리스트가 다를 정도였다. 카스, 하이트, 클라우드로 한정된 우리나라에 비해 체코는 맥주 브랜드가 정말 많았다. 필스너 우르켈과 코젤을 제외하면 모두 처음 보는 것이었는데 그중에 버드와이저의 원조 격인 부데요비츠키 부드바르(Budějovický Budvar), 펍 간판에서 필스너 우르켈이나 코젤만큼 자주 보는 스타로프라멘(Staropramen) 등이 유명해 보였다. 나는 아무것이나 궁금한 걸 잡아 매일 한 캔씩 사 먹곤 했다. 체코 맥주에는 10°, 12° 등의 숫자가 쓰여 있었는데 처음에는 그게 도수라고 생각했지만 (역시 체코는 10도짜리 맥주를 마시는 건가? 그 이하는 맥주로 쳐주지 않는 건가?) 그 숫자는 알코올 함유량이 아녔고 플라토 스케일에 따른 당 함유율로 2.4로 나눠야 도수가 됐다. 10° 이면 4.2%, 12° 이면 5%, 18° 이면 7.5%! 맥주 가격은 또 어찌나 저렴한지 한 캔에 천 원이 넘지 않았다. 보통 필스너 우르켈이 제일 비쌌는데 그게 천 원 정도였다. 코젤 다크 330mL 한 병은 700원에서 800원 정도. 나는 마트에서 맥줏값을 한화로 계산해 보는 것만으로도 체코가 얼마나 좋은 국가이고 체코에서 사는 것이 얼마나 훌륭한 일인지 팬심이 생겨버렸다! 라데가스트(Radegast) 얼마, 플라탄(Platan) 얼마, 코젤 라거 얼마! 이렇게 다양하고 값싼 맥주를 페트로, 캔으로, 병으로 영원히! 그래도 맥주 코너에는 향긋한 오렌지 향이 일품인 벨기에 호가든과 마찬가지 벨기에 명문인 스텔라 아르투와, 전 세계에 다 있을 네덜란드 하이네켄과 큰 숫자가 써진 독일의 저렴 맥주들이 한자리 정도씩은 차지하고 있었다.

체코 맥주의 공통점이라면 그 깨끗하고 청량하고 가벼운 주질에 있다고 할 수 있다. 독일 맥주가 홉의 진하고 풍부한 풍미를 즐기는 것이 특징이라면 체코 맥주는 무엇을 집어 들든 깨끗한 암반수처럼 청량감이 넘쳤다. 섬세한 탄산이 목을 넘기면 맥주 향은 거의 남지 않고 깨끗하게 사라졌다. 일본 삿포로 맥주도 그런 부류지만 보헤미아의 사츠홉은 좀 더 고소하고 감칠며 잔향감이 없고 삿포로 맥주는 그보단 향이 오래 남는 편이다. 그래서 계속 물처럼 마실 수 있었다. 그러나 잘 알려진 필스너 우르켈은 그런 체코 맥주 특징과는 다르게 홉의 풍미와 쓴맛을 보탠 편이란 게 특이하다. 현재 물 건너 한국에서 마실 수 있는 체코 맥주는 왠지 체코 맥주의 특성이 잘 살지 못하는 것 같다. 다만 뚜껑을 따고 마시는 첫입에서 체코 맥주 특유의 홉향이 본능적으로 〈이건 체코 술이야!〉 말초신경을 자극하는 것을 외에는 기분만 체코 맥주를 마시는 것이지 현지의 맥주 경험과 이상하게 다르다. 현지에서 먹었다는 맥락을 벗어나서 맛 자체로도 그렇다.

나는 술에 관심 있는 사람들에게 체코 여행을 가보라고

추천하곤 했다. 값싸고 다양한 체코 맥주는 술 좋아하는 사람들에겐 천국이라고. 그중 내가 제일 좋아하는 맥주는 브레즈냑(Březňák)이었다. 인심 좋아 보이는 할아버지가 맥주잔을 들고 있는 로고의 브레즈냑은 체코의 다양한 맥주를 한 번씩 맛보고는 (코젤만 해도 코젤 10°, 코젤 11°, 코젤 레작 등등…) 브레즈냑에 정착했고, 심플리에서 다빗과 마실 때는 이미 냉장고에 있어서 스타로프라멘을 자주 마셨지만 한 페트 더 마시자고 할 때는 냉큼 달려가 브레즈냑을 사 왔다.

초기의 일상은 이런 모습이었다. 이것을 월화수목금토일 회전하듯 돌면서 실타래를 풀어내니 내가 만나야 할 프라하도 점점 그 모습을 드러냈다. 그리하여 노출된 새로운 요소를 일상에 반영하면서 내 일상도 변했다. 나는 내가 살아갈 수 있는 일상의 양식(樣式)을 찾아갔다. 도서관에 앉아 있는 시간이 줄고 걷는 시간이 늘었다. 산보에 의한 도시 탐구는 내가 있을 수 있는 새로운 장소를 건네줘서 곳곳에 숨은 공원이라든가 예기치 못한 건물의 중정, 변화가 한편의 한적한 카페 또는 자유롭게 원하는 만큼 쉴 수 있는 어느 주변국 박물관의 야외 의자 등을 제공했다. 그런 것을 적극 활용해 일주일의 구조를 만들어 갔으며 거기에 억지스러운 점은 없었다. 오늘은 여기에 가고 싶다 하면 그리로 갔고 내일은 저기서 시간을 보내는 게 좋겠다 하면 그리로 갔다. 반복하다 보니 느슨한 패턴이 생겼고 그것은 마음대로이기도 하지만 또 루틴이기도 한 일주일의 일상이 됐다. 또 이렇게 찾은 새로운 방식의 일상을 한국에 적용하는 것은 또 다른 얘기여서 그에 대해선 나중에 다시 말하고 싶다. 어쨌든 나는 취업 준비를 하지 않으면서 나름의 뜻 있고 여유롭고 건전하며 성실한 일과를 보내게 됐다.

모르는 이름들도 자연스럽게 내게 왔다. 〈도브리 덴!〉 아침 인사로 여러 번 그들의 가면을 두드리면 심플리 호스텔 직원들의 바위 같은 가면이 떨어지고 그들의 얼굴과 이름이 나타났다. 몰도바인 안드레이와 엘레나가 건물 입구의 쓰레기장을 정리하고 있었다. 그곳은 매우 더럽고 시궁창 냄새가 나는 곳이었다. 백 년도 더 됐다는 건물 입구의 현관에는 그 특유의 냄새와 높이로 그리고 철문을 열면 바로 보이는 버려진 극장 매표소와 같은 넌센스한 분위기로 이곳을 찾는 사람들을 맞이했다. 출입문을 두고 건물 내외부의 기온과 분위기는 확연히 달라서, 건물 내부에는 그림자 꽃이 빠르게 천장까지 피어오르는 듯 냉기가 얼어붙는 소리가 들렸고, 건물 밖에선 작열하는 태양빛에 벽이 불타올라 눈을 질끈 감아야만 했다. 밤에는 매캐한 연기를 풍기는 붉은색 바 하나가 반지하에서 움틀 대고 있었는데 용기를 내어도 차마 거기엔 들어가지 못했다. 바인지, 상점인지, 음란업소인지 정확히 무엇인지 모르겠는 그곳은 퇴폐적이고 약물적인 분위기로 나를 집어삼킬 것 같았다.

7월에 접어들면서 관광객이 늘었고 덩달아 프라하 제일 저렴의 심플리의 고객도 늘었다 (1박에 만 원 돈). 한 가지 변화가 있었는데 나와 다빗, 루카가 장기숙박객으로 따로 방을 배정받아 침대 4개 있는 방에서 셋이 살았다. 그런게 될까 싶었던 루카는 한 저가형 항공사 사무실에서 인턴십 자리를 구했고, 루카는 긴장해서 회사에 나가는 느낌이 아닌 반은 놀러 가는 기분으로 매일 아침 아무렇게나 던져놓은 이스트팩 백팩을 둘러메고 편하게 출근했다.

러시아어와 영어를 할 수 있는 다빗은 옥사나와 이야기하여 (옥사나는 호스텔 주인인데 영어를 못했다) 심플리 호스텔의 매니저가 됐다. 숙박객을 받고 정산하는 것도 우리 방에서 이뤄졌다. 나는 다빗이 부재중이거나 다른 사람을 안내하고 있을 때 매니저 역할을 대신해 주는 보조 매니저 같은 것을 했다. 다빗은 맥주를 많이 사 줬고 음식도 자주 해줬다. 본인이 식사 때가 되면 꼭 나에게 밥을 먹었는지 물었다. 내 석 달 경비는 비행깃값을 포함해 275만 원이어서 하루에 오천 원이 예산이었다. 빵은 백 원도 안 했고, 사과나 자두도 백 원이었고, 음료는 삼사백 원, 커피가 이천 원 정도였으니 맥주나 물 두어 개 사 먹는다고 해도 못 살 정도는 아니었다.

다빗은 샤슬릭(구소련권 국가에서 많이 먹는 타타르식 고기 요리)을 해준다며 대충 헹군 손으로 생고기를 주물럭거리며 조미료와 향신료를 먹이고 냉장고에 그대로 숙성했다. 공용 냉장고를 열면 고기가 떡하니 중앙을 차지하고 육향을 풍기며 당당히 있는 것이다. 저녁이면 그것을 꺼내 구워 줬다. 냉장고는 샤슬릭의 고기 냄새로 가득이었다. 그렇게 구운 샤슬릭은 언제나 맥주와 함께였다.

나는 다빗에게 고맙다는 말밖에 할 게 없다. 그런 친절이 이해 가지 않는 부분도 있었다. 그는 나를 '브라더'라고 불렀는데 무엇을 하면 브라더가 되는 걸까? 루카는 친했지만 브라더는 아녔다. 다빗은 아랍의 피가 섞인 루카에게 〈아라비〉라며 이러도 되나 싶은 언질을 하기도 했다. 하지만 나는 브라더였고 다빗은 나를 건물 꼭대기 층 옥사나의 집무실로 데려가 직원들과 함께 술을 먹고 파티를 벌이기도 했다(옥사나, 다빗, 안드레이, 엘레나와). 그리고 어느 날은 호스텔 숙박객들과 합심으로 광장 펍에 갔을 때는 나를 위해 싸우기도 했다. 〈노바디 캔 세이 투 마이 브라더 라이크 댓!〉 주먹으로 전봇대를 가격했다. 주먹 괜찮지……? 이 사건을 얘기해보면 크게 싸울 일도 아니었다. 다빗이 펍 입구에서 흡연 중인 폴란드인에게 〈어디에서 왔느냐. 너네 집으로 돌아가라〉면서 아무 이유도 없이 시비를 걸었고 그것을 본 직원이 꼬투리를 잡고 우리를 내보내겠다며 나에게 여권을 요구했다. 보통에는 확인하지 않는 여권을 핑계로 나를 손님으로 받을 수 없다고 했고 다빗이 그것을 보고 직원과 대판 싸운 것이었다. 카운터로 달려가 너 옷 벗게 해주겠다, 큰 실수 한 거다, 사람 잘못 건드렸다고 너 이름 뭐냐, 나는 다빗 베글러 라고 소란을 피웠다.

다빗은 약 파는 아프리카 형들에게도 서슴없었다. 〈사

업 잘 되느냐, 요즘 문제없느냐.〉 다빗 앞에서 그 형들은 비교적 순둥해 보였다. 다빗은 약간 두려움을 상실한 것처럼 보였다. 심플리 건물 2, 3층에는 우크라이나 사람들이 모여 살았다. 그 모습은 직접 본 적은 없지만 뉴욕의 할렘가라면 이것이 할렘 같았다. 체코에 돈을 벌러 와서 막노동이나 어디 레스토랑, 성인업소 등 낮은 곳에서 일하는 사람들이었다. 거기의 분위기는 프라하와 확연히 달랐다. 전쟁 직후 모두가 폐허 속에서 어렵게 사는 그런 분위기. 그들은 서로가 서로의 머리를 일정하게 3mm로 깎아줬다. 남녀노소가 모두 있는 그들 중에는 젊은이들도 끼어 있었는데 그들은 껄렁껄렁하고 하나같은 민 머리로 위험해 보였다. 빡빡이 하나가 내가 밤에 혼자 다닐 때 시비를 걸었다. 나는 그것에도 그냥 내 갈 길 가는 편이었다. 어느 날 우리방 창밖으로 빡빡이가 지나가서 저 친구가 저번에 알아들을 수 없는 말을 하더라, 다빗에게 편하게 얘기했더니 다빗은 창문 너머로 빡빡이를 심하게 불렀다. 〈너 조심해라, 얘는 내 브라더다, 내 브라더를 건드리면 너는 내가 죽일 거다〉 손가락질하며 고래고래 한 마디 해줬고 그 후로 그 빡빡이는 나에게 말을 걸지 않았다. 다빗은 퉁퉁했지만 매우 다부진 근육이 그 안에 들어 있는 게 단번에 느껴졌다. 전직 군인이었으며 전쟁도 참전했다는 다빗은 아버지도 군인 출신으로 한자리 차지하고 계신 것 같았다 (훈장 메달이 주렁주렁 달린 아버지의 사진을 보여줬다). 그러나 무엇이든 반신반의하는 나는 그렇구나, 하는 정도로 받아들였다. 여하튼 다빗은 강했다. 내가 본 사람 중에 가장 강한 부류에 속했다. 그렇다고 나를 제멋대로 휘두르지 않았고 항상 의견을 존중해주는 것도 신기했다.

옥사나가 우크라이나의 된장찌개 격인 보르쉬를 해준 적이 있었다. 그것은 비트와 적양파, 적양배추를 다량 넣고 뭉근하게 끓인 보라색 찌개로 그 위에 새콤한 크림을 붓고(!) 빵과 함께 먹는 음식이었다. 옥사나가 아닌 다른 우크라이나 여인도 한국인인 나와 사진을 찍고 부모님에게 그 사진을 보내주니 부모님은 〈오데사에 데려오면 보르쉬를 끓여주겠다〉고 하셨다. 보르쉬는 그토록 우크라이나인에게 뜻깊은 음식 같았다. 사업 운영으로 바빴던 옥사나는 그래도 저녁 밤이 되면 인형 같은 딸아이를 부엌에 데려와 이것저것을 해줬다(옥사나는 싱글맘으로 체코인과 이혼해 혼자 아이를 키우고 있었다). 카트리나의 생일에는 무지개 케이크도 해줬는데 빨주노초파남보 일일이 색 반죽을 내고 빵을 굽고 모양을 만들었다. 우리는 생일 축하 노래도 불러주고 무지개 케이크도 나눠 먹었다. 맛은 집에서 어머니가 해준 정성의 맛! 이빨이 숭숭 빠지고 새 이가 나고 있는 카트리나는 유치원에서 배운 서툰 영어로 〈아이 원트 헤브 잇! 헤헤!〉 쑥스럽지만 즐거운 표정으로 이런저런 말을 했다. 그 카트리나도 이제 중학생은 됐겠지.

나는 체코의 언어도 모르고 역사도 모르지만 겉으로 나와 있는 피상적인 모습에서 어떤 공통되는 성질을 감지했는데 그중 하나가 익살스럽단 점이었다. 해괴망측한 얼굴을 한 석상들이 연극적인 표정으로 건물 귀퉁이마다 붙어 있었다. 우스꽝스러움의 표정 연구를 끝마치고 그것의 성과 발표라도 하는 듯 건물마다 이상하게 인상 찌푸린 표정들이 몇 개씩 붙어 있었다. 고주망태에 관한 연구는 최소 백 년은 넘게 눈이 오나 비가 오나, 탱크가 들어오나 저렇게 있었을 것인데 그 유쾌함에 찬사를 보내면서도 왜 외면 무뚝뚝해 보이는 민족이 저곳을 수많은 대안 중 저런 얼굴로 선택했는지 희한하면서도 매혹적이었다. 그것은 마치 내게 이렇게 말하고 있는 것 같았다. 〈인생 별거 없어… 힘주지 마… 여기 남아 있는 것은 성자가 아닌 우리 술꾼들이야!〉 혀를 헤 내밀고 이빨 두 개 남은 아저씨가. 또 한 가지는 황금빛으로 물든 레몬색 벽면이다. 그것은 도시 전반에 높이와 통로를 만들면서 도시 배경에 가벼운 인상을 부여했다. 거기에 얹혀 있는 주홍색 지붕은 구도심 고지에서 보면 한눈에도 그 통일성이 잘 보였다.

나는 한 프라하 현지 여성에게 이곳이 너무도 자유로워 거리에서 공공연히 성폭행이 이뤄지기도 한다고 들은 적이 있었다. 지나가는 사람들은 그들을 풀밭에서 거리에서 그 일을 벌이고 있는 조금 별난 연인들로 본다고. 거리에는 두 부류의 부랑자가 있었다. 첫째는 그냥 부랑자. 체코 사람들은 사람을 직선으로 보는 문화가 있다. 루카가 프라하에 처음 왔을 때 제일 놀란 것이 모르는 행인들이 자신을 뚫어져라 쳐다본다는 것이라고 했다. 프랑스에서는 그렇게 눈을 마주치지 않고 그런 의미는 일면 싸우자는 거라고. 문화가 이런데 부랑자는 어떻겠는가. 그들은 **뼈쩍** 마른 몸과 자연광에 태운 백인의 갈색 피부 그리고 더럽고 지저분하게 딴 머리칼과 소매 없는 티셔츠로 생수통으로 허벅지를 때리고 다니는 나를 치켜뜬 눈으로 뚫어져라 쳐다봤다. 정색과 무표정, 꾹 다문 입이 그들의 특징이었다. 그리고 또 한 부류의 부랑자는 큰 개를 데리고 다니면서 그들끼리 사회를 이루고 있는 부류다. 그들은 개를 옆에 두고 길에서 바구니를 놓고 구걸하기도 했고 그들끼리 몰려다니기도 했다. 그럼 개들도 서로 모이는 것인데, 주인처럼 근엄한 야생의 법칙을 배운 것인지 깨발랄하게 꼬리를 흔들거나 점프를 뛰거나 하는 법이 없었다. 보통 때에 그들은 개와 함께 혼자 다녔다. 어느 공원 구석에서 작은 동굴(동굴이라 해봤자 비를 막아주는 처마 밖에 안 되는)에 자신의 몇 가지 물건과 음식, 성모상을 두고 개와 함께 사는 사람도 봤다. 그가 동굴에서 맞이하는 매일의 저녁은 피할 수 없는 프라하 석양이었을 것이다. 저렇게 사는 것도 가능하구나, 저런 사회를 이루고 사는 것도 가능하구나, 싶게 만드는 사람들이었다. 개 중에는 강아지도 있었는데 대형견의 큰 하네스를 맨 강아지는 어느 사람에 이끌려 (그도 신참으로 보였다) 의젓한 개가 되는 길을 걷고 있었다. 성인견들은 하나같이 검었고 최소 골든 리트리버만 한 크기였다. 그들 부랑자는 현대판 디오게네스를 실제로 사는 듯싶었다.

 프라하에서의 거주를 소설로 쓴 적이 있었다. 소설에서 주인공 김도겸은 서양인 여자 친구를 만들기 위해 그리고 유럽의 낭만을 만끽하기 위해 프라하로 떠난다. 도겸은 고향과 먼 타지에서 새로운 삶의 방식을 터득하면서 동시에 한국에서의 직장을 다녀야만 한다는 한국의 정언 명령을 탈락시키면서 서서히 유럽의 사고방식을 이식받는다. 때마침 막달레나라는 체코 여인과도 데이트하게 됐다. 막달레나는 OOTD, 오늘의 데일리룩에서 완벽한 귀걸이 조합을 찾기 위해 주얼리에 매몰되는 여자로 도겸과 있으면서도 귀걸이 색을 고민하는 여자였다. 나는 그것을 프라하의 풍경, 비셰흐라드, 비투스 대성당 등과 함께 썼다. 도겸은 막달레나가 한국에 오기를 약속받고 먼저 귀국길에 오르고 한국에서 막달레나를 기다린다. 그러나 막달레나는 왜인지 오지 않고 답변도 없다.

 막달레나는 프라하에서만 맛볼 수 있는 상온 아이스크림 같은 존재로 여름 더위가 무성한 한국에서는 있을 수 없는 존재를 상징했다. 막달레나는 성경의 말대로면 예수의 곁을 지켰던 존재로 프라하에서는 도겸의 곁에 존재했지만 한국에는 존재하지 않는 존재였다(물론 그녀는 현대판 막달레나로 예수를 향해 있던 막달레나와 다르게 도겸 곁에 있으면서도 도겸을 향해 있지 않고 귀걸이를 향해 있었다). 그 이유는 존재적으로 도겸이 프라하에서의 실존 양식이 한국에 부재함이었고, 생리적으로 억제되지 않고 활발히 분비됐던 호르몬의 억제됨이었고, 언어적으로 한국어의 도겸과 외국어 사용 도겸의 정체성 차이의 좁혀지지 않음이고, 미학적으로 고국에서보다 타국에서 더 큰 자유를 식별하는 도겸이 막달레나라는 혼합 주스를 한국에서 만들기에 그 원재료가 부족했기 때문이라고 그 소설은 말했다. 도겸은 한국에서 프라하의 방식대로 살 수 있을지 고민하다가 끝내 유튜브 채널과 배달업을 하는 것으로 이야기는 끝난다. 그리고 이것은 신적인 기름의 광휘가 새어 들어올 수 없는 딱딱하게 굳어진다는 의미에서 『석화』라고 이름 지었다. 그 삼백 쪽짜리 장편은 지워져 남아 있지 않다.

사람과 장소, 이 두 가지가 내게 새로운 것을 보내는 프라하의 유통사였다. 인력 담당 부서에선 베네수엘라, 이란, 요르단, 콜롬비아, 아르헨티나, 라트비아 등 다양한 국적의 사람을 보냈다. 내가 평생 만날 다국적의 사람들은 심플리에서 다 만난 것 같다. 콜롬비아 트렌스젠더가 무리로 다가왔을 때 나는 어떻게 반응해야 할지 살짝 겁났다. 아일랜드 여성이 클럽에 가기 전 짧은 치마 차림으로 내 의자 팔걸이에 걸터앉았을 때, 일어서야 하는 건지 앉아있어도 되는 건지 그저 부담스러웠다. 숭숭 오렌지 껍질 같은 그녀의 다리가 닿을까 나는 어깨를 움츠렸다. 왜인지 네덜란드에서 온 소녀 3인방은 잠자기 전 수영복을 입고 돌아다녔다. 침대의 바다로 풍덩 빠져버리겠다는 건지 그들은 그것이 잠옷이라고 했다. 그중 붉은 머리칼의 안젤라에게선 언뜻 반 고흐의 자화상이 떠올랐다. 문학을 공부한다던 리투아니아 여성들은 꼭 문을 걸어 잠그고 밤을 보냈고 다빗이 맥주 한잔하자고 노크할 때도 거절만 했다. 내가 글쓰기에 관심 있고 몇몇 작가를 알고 있으니 그녀들은 나에게 어떤 글을 쓰는지 관심 보였다. 미국 형들은 드라마에서 나온 듯 몸집이 크고 다부진 운동 선수의 체격을 가지고 있었는데 어딘가 자유롭고 삶을 즐기는 듯한 느긋한 태도에서 미국의 여유가 물씬 느껴졌다. 그들은 식사할 때 시리얼은 물론 샐러드도 꼭 해 먹었는데 다빗과 나에게는 말도 안 되는 일이었다. 남미에서 온 한 여인은 원주민의 피가 섞여 있었고 앙탈을 부리며 나와 루카를 찾았다. 나는 도망 다녔지만 내가 나갔다 들어와 아무 생각 없이 우리 방문을 열었을 때, 그녀는 루카 위에 올라타 있었다. 프랑스와 남미의 개방성이란. 그리고 루카의 하얀 아이들이 고무 속에 매듭 묶여 쓰레기통에 버려져 있었다.

어떤 체코인 남성이 성기를 내놓고 지나갔다. 정말이다. 샤워를 하러 가거나 샤워를 했거나 둘 중 하나였는데, 그 모습은 너무 말이 안 돼서 (개들이 몸을 내놓고 다니는 것처럼 그냥 지나갔다) 어이없는 웃음이 먼저 나왔다. 경험을 해보니 바지가 없어진 사람에겐 차라리 이렇게 태연한 쪽을 추천한다. 인도네시아 여자가 말했다. 〈내가 지금 뭘 본 거야?〉 다빗이 대답했다. 〈페니스!〉

특정 인물을 거론하자면 멕시코에서 온 아쿠아를 먼저 얘기하는 게 좋겠다. 아쿠아는 무용과 학생으로 같은 학교 동창과 유럽 여행을 하고 있었다. 그녀의 친구는 꼬불꼬불하고 두꺼운 멕시코인의 머리칼이었고 반면 아쿠아는 보다 유럽의 피가 섞여 있었다. 그들은 도시에서 도시로 이동할 때 큰 스포츠 더플백의 손잡이를 하나씩 잡고 나란히 운반했는데 그 모습은 큰 물통을 나르는 여인들의 모습 같았다. 그들은 강인한 멕시코 여성의 표상으로 보였다. 뭐든 자기 힘으로 해낼 것 같았고 옳은 것에 대해선 그 위험이 무엇이든 힘주어 자기주장을 펼칠 것 같았다. 물론 그 뒤엔 멕시코 귀족이지 않을까 하는 안정된 배경이 아쿠아에게서 뒷받침되는 것으로 보이기도 했지만.

아쿠아가 그녀 친구보다 영어에 능통해 보통 아쿠아와 의사소통을 했다. 아쿠아는 멕시코 억양이 섞인 매우 고혹적인 영어로 자기 생각을 표현했는데 내가 어떤 사람에게서도 보지 못한 변별점이 하나 있다면 그녀의 제스처가 유난히 우아해서 그녀 존재 자체를 단연 고귀하고 돋보이게 한다는 점이었다. 무용으로 단련된 아쿠아의 신체는 불필요한 동작 하나 없이 하지만 계속 이어지는 어떤 부드러움으로 몸을 저속으로 움직였고, 그것은 춤을 추는 것도 일상 동작도 아닌 새로운 인간 표현의 하나로 자신의 고아한 향기를 표현하는 분출구가 됐다. 정확한 계산에 의해서냐, 그렇게 태어난 것이냐, 유복한 가정환경으로 만들어진 것이냐 하면 나는 바로 답할 요량이 없다. 적어도 치밀하게 계산해 그런 거 같진 같았다. 그녀는 그런 점에서 명백히 선택받았다고 할 수 있었다.

나의 생일을 맞아 나에게 아쿠아와 그녀 친구는 작은 인형 선물 하나를 줬다. 손톱만 한 멕시코 전통의상 차림의 원주민 인형. 그걸 베게 밑에 두고 자면 근심걱정이 사라진다고 했다. 그리고 지금까지도 그것을 배게 밑에 두고 자고 있는데 어느 날 아내의 친언니가 내 이불에서 그 인형을 우연히 발견했을 때 동생의 남편이 한밤중 남몰래 주술을 외는 샤머니즘 제사장인 줄 알고 식겁한 적이 있으셨다. 하지만 그건 멕시코 친구들이 행운을 빌며 준 선물이었다고.

프라하 광장의 종마는 아침의 입김을 뿜으며 푸르르 입을 털었다. 소시지가 구워지는 가판대에선 핫도그를 든 사람들이 케첩과 머스터드를 뿌리느라 여념 없었고, KFC에는 한여름 소프트 아이스콘과 냉커피를 먹으러 온 사람들로 장사진을 이뤘다. 나는 카프카의 책을 출판했다는 막스 브로트의 생가를 지나 강 건너에 있는 대형 메트로놈의 공원 레트나 파크를 돌았다. 어느 거주 지역의 주택 창문 안으로 책상에서 뭔가를 쓰고 있는 희미한 실루엣이 보인다. 그는 이 시대의 카렐 차페크나 밀란 쿤데라쯤 되는 것 같았다. 릴케의 시가 적혀 있는 비석의 공원에는 아이들이 색동 그네를 타고 놀았다.

마리오 피놀라(Mario Pinnola)는 아르헨티나 출신 탱고 가수로 60대 후반이셨고 네덜란드에서 탱고를 교육하고 있던 참에 프라하에 놀러 오셨다고 했다. 연세 지긋한 할아버지가 메리어트나 노보텔 호텔이 아닌 프라하의 값싼 도미토리룸에 오셨단 것 자체도 생소했고 침대에 놓인 기타 가방과 옷에서부터 소지품까지 모든 물건이 블랙이란 점도 마리오 아저씨가 평범한 인물은 아닌 것 같았다.

우리 방에 배정받은 마리오 아저씨는 매일 아침 기타 연습과 목 풀기를 하셨다. *딩가딩가딩* 기타 줄을 조율하고 *휘-휘-휘* 휘파람을 불면서 *도레미파 솔라시도, 도시라솔 파미레도* 자기만의 루틴 연습으로 하루를 시작했다. 마리오 아저씨는 자신을 탱고 가수라 소개하셨고, 흔히 탱고라고 하면 정열적인 춤을 추는 스페인 무희가 떠올라 그런 건 줄 알았으나 아저씨가 말한 탱고는 아르헨티나의 포크송 같은 것이라고 했다. 말씀대로 아저씨의 모습에는 격정적인 면모가 하나도 없었다. 차라리 『걸어서 세계속으로』에서 본 멕시코 악사 같은 친근함을 가졌지만 그는 이름에서 유추할 수 있듯 이탈리아 혈통의 키가 큰 잘생긴 미남이었다. 도서관에서 돌아오면 아저씨의 침대에는 레드 와인 한 병이 아무렇게나 던져져 있었는데 그마저도 멋있어 보였다. 심플리 호스텔 저녁에는 주기적으로 조촐한 맥주 파티가 열리곤 했다. 다빗과 내가 맥주를 마시며 이런저런 애기를 나누면 물을 마시러든 냉장고에서 음식을 꺼내러든 낯선 방문객이 부엌에 오게 마련이었고 그러면 다빗은 〈맥주 한잔해!〉 그들에게 선반 위의 유리컵을 가져오라고 권했다. 그들의 유리컵에 페트병 맥주를 부으면 그들도 오늘 파티의 일원이 됐다.

마리오 아저씨가 노래 부른 날은 그렇게 참여한 손님이 많은 날이었다. 러시아에서 온 블라디미르는 수줍음이 많은 게 테크 너드나 게임 오타쿠 같았다. 남미에서 온 엘라는 영어를 잘하지 못해 그저 웃고만 있고, 나를 브라더라 부르던 터키인 세이트는 고향에서 아이들을 가르치고 사진 찍는 걸 좋아한다고 했다. 마리오 아저씨는 거의 듣기만 하시며 와인을 마셨는데 이 모습은 또한 내가 다른 누구에게도 발견하지 못한 모습이기도 했다. 본인 애기는 하지 않고 타인의 이야기에 집중했는데 그냥 듣는 게 아니라 진심으로 귀 기울이면서 들으셨다. 그러한 경청의 자세는 어느 사람에게서건 처음 보는 모습이었다. 애기할 때에도 경험도 많고 할 말도 많으실 마리오 아저씨는 본인이 아는 것만 간략하게 말씀하셨다. 나는 마리오 아저씨에게 오늘 낮에 무얼 하셨냐고 물었다. 마리오 아저씨는 프라하 도심에 있는 아르헨티나 식당에 가서 식사를 했는데 음식이 꽤 괜찮았다고 했다.

〈그리고 사실 제가 프라하에 온 건 길거리 연주를 하기 위해서였어요. 카를교까지 가는 길에 정말 많은 거리 연주자들이 있더군요. 그들은 프로페셔널했고 제 예상보다 훨씬 프로페셔널하고 훌륭해서 정말 깜짝 놀랐습니다. 들어 보니 예술대 학생들도 나와 거리연주를 한다더군요. 위축이 됐어요. 그래도 카를교까지 가 자리를 찾아 기타를 놓고 노래 부를 준비를 했습니다. 제 옆에는 정말 훌륭한 4인조 밴드가 있었습니다. 저는 저 스스로를 다독였습니다. 마리오, 괜찮아, 마리오, 너도 연습을 많이 했잖아. 할 수 있어, 용기를 갖자. 저는 기타를 몇 번 튕겼고 심호흡을 해 봤어요. 도무지 시작이 안 되더군요. 마리오, 이걸 하자고 프라하까지 날아왔잖아. 용기를 내. 주변에는 정말 많은 관광객이 있었어요. 그들은 모두 관객이 될 수 있었죠. 한참을 서 있었습니다. 하지만 결국 하지 못하고 내려왔어요. 기타를 접고 돌아온 하루네요. 내일 다시 시도해 보려고 합니다.〉

나는 대체 아저씨가 하신다는 아르헨티나 탱고가 어떤

거냐고 물었다. 아저씨는 설명하는 대신 〈잠깐만 기다려 보라〉며 부엌을 나가셨다. 아저씨는 기타를 가지고 왔는데 같이 대화 나누던 일행에게 갑자기 태도를 바꿔 탱고 가수로 변신한다는 게 부끄러우셨는지 얼굴이 홍당무처럼 빨개지셨다. 그래도 그 상태로 용기 있게 노래 부르셨다! 〈*라 쁘레시또 라꾸아~ 따라라 라라라라~ 뚜루루 뚜뚜뚜루~ 휘휘휘 휘-휘-휘~*〉 장난스럽고 천진난만한 노래는 사랑을 구애하는 노래 같았고 아르헨티나 탱고라는 것은 아르헨티나의 거리 악사가 부르는 그런 노래구나 하고 알게 됐다. 〈브라보!〉가 관객에 의해 후창되어야 제대로 마무리된 것 같은 그런 노래. 하지만 나는 사실 그것을 조금 대단하게 느끼진 못했다. 고음과 소몰이 창법, 막간 5초를 이용해 백 가지 관절이 꺾이는 대단한 춤 실력을 노래의 기준으로 가진 한국의 일반 대중인 나는 그저 한 편의 재밌고 생동감 넘치는 그림을 관람한 기분이었다. 노래를 '잘 부른다'는 것은 나얼 또는 박효신처럼 엄청난 창법으로 곡의 기예를 하는 또는 인간 목청의 한계를 탐험하는 것이지 이렇게 부드러운 건 아니라고 생각했다. 나의 박수는 마음속 깊이에서 나오지는 않았다.

다빗은 극찬을 했다. 그게 진심이었는지는 몰라도 다빗은 항상 그렇게 긍정하는 편이었다. 흥이 오른 마리오 아저씨는 〈원래 오페라도 좀 했습니다.〉라며 그 유명한 『오 솔레미오』를 독창하셨다. 중학교 시절 음악실에서 따라 부르던 그 조야한 오 솔레미오, 맨 뒷자리부터 맨 앞자리까지 순서대로 부르며 음악 선생님이 수행평가 점수를 주셨던 그 오 솔레미오를 진짜 가수의 육성으로 들은 것은 처음이었다. 아저씨는 무려 가사를 전부 외우고 계셨고 적어도 백 번은 족히 불러본 솜씨셨다. 〈*오 솔레미오, 스탄 프론떼아 떼—*〉 이게 이런 곡이었구나, 음악가는 이런 마음을 전달하려고 이 곡을 만들었구나, 수행평가를 위해 이탈리아에서 만든 것이 아니었구나. 노래는 점점 고조되더니 하이라이트에 이르렀고 아저씨는 〈오—— 오오——〉 음조가 도, 미, 솔 넘어 다음 옥타브 파, 라, 시까지 올라가는데 어, 아저씨 어디까지 가세요? 〈*솔—레미오———! 스탄—프론떼아 떼———!*〉

와, 그 순간은 내 생에 가장 멋진 순간 중 하나였다. 사람에게서 그 정도의 소리가 나올 수 있다는 것도 처음 알았고, 그 정도의 전달력을 하나의 사람이 가질 수 있다는 것도 처음 알았고, 소리가 천장을 뚫고 그렇게 높고 강렬하게 유지될 수 있다는 것도 처음 알아서 소리는 제우스 신이 사는 구름 동네까지 넘어 진행되는 것 같았다. 〈스탄——! 프론떼아—— 떼——!〉 장엄한 로마 시대를 목가적으로 내려보고 있는, 그래서 인생이 아름답다고 부르는 인상이 떠올랐다. 오 솔레미오, 오 태양이시여, 오 인생은 아름답습니다. 온몸에 전율이 일었다. 무언가 내 몸이 씻겨지는 경험이었다.

마리오 아저씨가 대단해 보였다. 마리오 아저씨는 사람에 관한 나의 한계선을 보기 좋게 깨버리셨다. 사람은 이런 것이야, 하고 더는 한정해 말할 수 없었다. 사람은 스스로 한계를 정해놓지 않는 이상 한계가 없었고, 아니면 적어도 '사람은 이 정도의 존재야'라고 정해놓은 한계선을 파괴할 힘을 가질 수 있었다. 마리오 아저씨보다 뛰어난 성악 가수가 있을 수 있겠지만 나에게는 최고의 가수셨다. 건물에 사는 어느 주민이 심플리 호스텔 문을 꽝꽝 두들겼다. 〈왜 이 한밤중에 오페라를 하는 거예요!〉 다빗은 〈나는 아르메니아 사람이고, 썩 꺼지라〉고 위협했다. 주민은 화를 내며 문을 꽝 닫았다. 더 이상 이성적인 것은 없었다. 이곳은 이미 비이성의 관문을 넘은 호스텔이었다. 우리는 또 한 병의 와인을 위해 건물 앞 편의점으로 갔다. 베트남 주인은 MLB모자에 선글라스를 끼고 TV를 보고 있었다. 마리오 아저씨는 아르헨티나 와인 하나를 잡더니 〈아 똥 같은 걸 사자〉고 했다. 트라피체 까베르네 소비뇽 한 병을 샀다. 돌아오는 길에 웬 여자 둘이 음울하고 퇴폐적인 얼굴로 스페인어로 우리에게 뭐라고 했다. 마리오 아저씨가 스페인어를 사용해 대답했다. 〈뭐라는 거예요?〉 아저씨는 그들이 우리에게 욕을 했다며 좋은 여자들이 아니라고 했다. 아무래도 몸 파는 여자들 같다고. 우리에게 제안했지만 됐다고 하니 욕을 한 거 같았다. 여자들은 건물 2층으로 사라졌다.

그날 오후 마리오 아저씨는 본인의 음악 CD를 주셨는데 거기에는 10년은 더 젊어 보이는 마리오 아저씨가 표지에서 활짝 웃고 계셨다. 아저씨는 직업에 관한 이야기도 해주셨다. 부에노스아이레스에서 공직자도 하셨고 자동차 딜러도 했었는데 (자식 셋을 키워야 했다고 하셨다) 언제나 다시 음악으로 돌아오게 됐고 자신도 왜 그래야 했는지는 이해하지 못한다고. 나는 훌륭한 실력을 가진 아저씨가 가곡이든, 재즈든, 보사노바든 시장성 좋고 가창력 좋다고 인정받는 쉬운 종목으로 하지 않고 왜 아르헨티나 탱고를 하는지 이해하지 못했다. 어떤 사람은 무명의 길을 벗 삼아 살아가기도 하는 것 같다. 마리오 피놀라 그 이름은 적어도 나에겐 최고의 무명임에 틀림없었다.

〈언젠가 다시 볼 수 있을 거 같은 느낌이 듭니다.〉
〈어디로 가세요?〉
〈네덜란드로 돌아갑니다.〉
〈그럼 건강하세요!〉
아저씨는 기타를 걸치고 홀연히 떠나셨다.

잠이 오지 않는 밤이면 나는 한적한 어둠과 가로등 불빛만이 고요한 심야의 프라하 구도심을 오르기도 했다. 카를교 너머의 맥도날드를 지나 세월의 흔적만큼 반들하게 닳은 큐브형 보도블록을 밟으며 비투스 대성당이 있는 꼭대기까지 오르다 보면 주위 성당, 레스토랑, 카페, 기념품 가게 등 모든 것이 잠들어 있거나 잠을 준비하면서 요를 펴고 있는 걸 볼 수 있었다. 성 니콜라스 성당의 청동 돔은 어두운 불빛 위에서 희미한 옥빛을 띠었고, 낮 동안 많은 관광객이 오갔던 출입문은 굳게 닫혀 가로등만 그것의 창살에 주홍을 그어줬다.

  구시가지에 숙소를 잡은 사람들이 창문 안으로 보이기도 했다. 그들은 은은한 조명의 방에서 매트리스 침구를 정리하고 있었다. 그 실내 천장에는 그것이 얼마나 오래된 건물인지를 알려주기 좋게 중세풍의 인물이 광대 같은 옷차림을 하고 투숙객을 내려다보고 있었다. 1600 또는 1700이라 친히 적어놓은 연도는 포도 덩굴로 얽히고설켰다. 구시가지의 언덕을 바로 올라 왼쪽 길로 접어들면 포도밭이 나왔고 오른쪽으로 돌아야 대성당에 도착할 수 있었다. 그곳으로 꺾어 오르면 '세계에서 경관이 제일 좋은 스타벅스'란 홍보 문구의 스타벅스가 나오는데 영업이 끝난 그곳의 담장을 몰래 넘었다. 거기서 맞이하는 프라하의 야경은 지극히 적막했다. 멀찍이의 강줄기가 구시가지와 신시가지를 가르고 있고 강변에는 오페라 하우스부터 대학교까지 큰 건물들이 늘어서 있었다. 가로등은 균일한 바늘처럼 꽂혀서 프라하에 주황색 진주 목걸이를 걸어줬고, 지평선 끝까지 펼쳐진 평활한 대지는 이곳이 한국이 아닌 다른 곳에 와있음을 얘기해줬다.

녹색 원피스를 입고 나타난 사람은 리디야 세도바(Lidiya Sedova)로 러시아에서 온 여자였다. 그때쯤 나는 프라하에 꽤 익숙해져서 시립 도서관에서 공작새가 사는 구도심 공원까지, 공원에서 카파 파크를 도는 꽤 긴 길을 매일 돌곤 했다. 돌아오는 길 블타바강 중앙섬에선 재즈 축제가 열리고 있었다. 간이 콘서트 무대에선 재주 연주자들이 돌아가면서 색소폰과 트럼펫을 연주했고 섬에 딸린 선상 카페에서는 발칸 연주자들이 신명 나는 곡을 연주했다. 발칸 음악은 전통적인 것과 현대적인 것이 결합되어 매우 흥이 넘치는 노래였지만 나는 처음에는 그게 무엇인지 몰랐다. 그것을 알려준 게 리디야였다.

리디야를 알게 된 것도 역시 심플리 호스텔 부엌에서였다. 호스텔로 돌아왔을 때 그녀는 다빗과 카드 게임을 하고 있었다. 내가 어떻게 리디야와 프라하를 동행했는지 그 시작은 기억나지 않지만 나는 어느샌가 리디야와 함께 한낮의 프라하를 걷고 있었다. 다빗처럼 아르메니아의 피가 섞여 있다고 한 그녀는 러시아 극단에서 피아노 연주를 했다거나 아니면 피아노 연주자의 꿈은 포기하고 그것을 바탕으로 극단 운영을 했다거나 둘 중 하나였다. 어쨌든 그녀는 음악의 전문가였다.

리디야는 프라하 거리에서 들리는 모든 음악을 알았다. 그중에는 쿵쾅대던 발칸 음악도 알고 있었을뿐더러 또 그 음악가를 아주 좋아해 공연도 갔다 왔다고 했다. 이것은 다빗이 '빅토르 초이'가 러시아에서 비틀스 같은 신적인 존재라고 했던 것처럼 내겐 처음 듣는 대상이 하나의 부수적인 사실이 아니라 거대한 하나의 세계로 밀고 들어오는 쇄빙선의 경험이었다.

거리에 놓인 부실한 피아노를 보고 내가 피아노 한 곡을 요청했다. 전문가답게 리디야는 〈손톱을 다듬지 않았고〉, 〈최근 연습을 하지 않아서〉 연주가 망설여진다고 했지만 일반인이 보기에 별 영향을 미칠 것 같지 않은 미세한 변수를 중요하게 해석하는 것이 전문가다운 모습으로 보였다. 그녀는 결국 한 곡을 간단히 연주해 줬고 음악을 전혀 모르는 나는 자동기계에서 흘러나오는 연주처럼 완벽하다고밖에 느낄 수 없었다. 당연한 소리지만 그녀는 피아노 악보를 전부 외운다고 했다. 첫 음표부터 마지막 음표까지 무수히 많은 음표가 있는데 나는 피아니스트들이 그걸 어떻게 다 외우며 운용해 표현하는지 신기할 따름이었다. 리디야는 가끔 신경쇠약에 시달린다고도 했다. 종일 연습을 하고 돌아와 TV를 켜려고 하면 리모컨을 들어도 그것을 어떻게 작동하는지 전혀 기억나지 않는다고 했다. 대량의 정신적 에너지를 소비해서 그렇게 되는 걸까……?

우리는 대형 메트로놈이 있는 레트나 파크로 갔다. 레트나 파크는 지그재그로 있는 두 단의 계단을 올라야 메트로놈에 도착했는데 메트로놈 아래는 일종의 보헤미안의 놀이터로 맥주 파티와 공연이 펼쳐지는 공간이었다. 이곳의 음악은 거리와 다르게 클럽 음악이나 일렉트로닉, 하우스가 주를 이뤘다. 서로 모르는 사람끼리 모여 춤을 추고 개를 데리고 산책하다가 춤을 추는 사람도 있었다. 나는 여기에서 다른 사람을 절대적으로 아랑곳하지 않는 문화를 배웠는데, 어떤 점박이 무늬 옷을 입은 여자는 사람들 곁에서 정말 음악과 자신만이 존재한다는 게 무언지를 보여줬다. 그녀의 춤은 신들린 듯했으며 움직임 또한 상당히 컸다. 독생자의 온전함이라 할만한 그 모습은 상당히 낯설었고 그렇게 가능한지도 처음 알았다.

메트로놈이 있는 공원으로 한 단 올라가면 전선 높이만

큼 멀찍이 달아놓은 빨랫줄과 거기에 대롱대롱 걸려 있는 많은 신발들이 있었다. 거기에 신발을 걸고 맨발로 돌아갔을 서양인 특유의 유쾌함을 떠올리면 그들은 우리보다 훨씬 행복할 것 같았다. 메트로놈 언덕에 걸터앉아 프라하를 내려다보면 바로 아래에는 보헤미안 파티가 열리고 있었고, 강줄기를 따라 세운 다리 여러 개는 리드미컬하게 두 개의 육지를 잇고 있었으며, 강에 반영된 구름은 강에서 금속 용액이 되어 강 안을 흘러내렸고, 강 너머에는 주홍색 지붕과 첨탑으로 꾸며진 프라하 도심이 파노라마로 활짝 열려있었다. 그 위로 대륙을 지나는 구름이 꾸덕한 크림같이 덩어리가 확실했으니 그것에 스며든 햇살은 황금색이었다.

우리는 공원 너머 프라하 7지구도 가봤다. 사람들이 사는 그곳 지역의 주택 벽은 역시나 계란물을 푼 레몬빛이었다. 관광지에서 벗어난 동네에서 리디야는 어느 정육점을 보더니 〈이게 정확히 내가 어렸을 적 기억하는 공산주의 시절 소련의 모습이야〉라고 했다. 그것은 피읖 자로 된 단순한 철골 구조의 파사드였고 공산주의는 이렇듯 단순하고 경제적인 양식을 천편일률적으로 다루는 사회였나 하는 생각이 들었다. 체코도 소련의 지배를 받았던 시절이 있었고 체코는 소련의 탱크가 프라하로 밀고 들어왔을 때 맹렬하게 전쟁을 치뤘던 폴란드와 반대로 비교적 저항 없이 수복했다고 들었다. 낫과 망치의 붉은 깃발이 순식간에 체코 전역에 꽂혔겠지만 나는 이 무저항을 —누구는 굴욕적인 굴종이라 평가할 그것이— 반드시 나쁜 것인지 나는 모르겠다. 어쨌든 그래서 공산주의 치하 시절의 흔적을 프라하 곳곳에서 살펴볼 수 있고 그것의 얼굴은 공산권 운명처럼 부식의 버짐으로 곳곳에 꽃피워 있곤 했다.

리디야와 한 식당 야외 테이블에 앉아 끼니를 때웠다. 샌드위치 소스가 흘러넘쳐 내 노란색 티셔츠에 쏟아져 티셔츠를 붉게 물들였다. 〈이걸로 빨리 닦아! 안 지워지겠는데?〉 리디야는 물티슈를 건넸다. 〈괜찮아. 이게 추억이지. 이걸 보면 오늘이 생각날 거야. 추억을 남긴 거지.〉 하지만 그 티셔츠를 버린다면…? 리디야는 피아니스트답게 예술에도 관심이 많아 나에게 좋아하는 영화를 추천해 달라고 했다. 〈나는 약간 프랑스 영화처럼 좀 이해하기 어려운 걸 좋아해. 내가 좋아하는 감독은 파올로 소렌티노, 요르고스 란티모스, 구스 반 산트가 있어. 그리고 요즘엔 자

비에 돌란의 『로렌스 애니웨이』도 재밌게 봤어!〉

〈나도 봤어! 그거 재밌지? 난 자비에 돌란을 아주 사랑해. 돌란은 아주 감각적이야.〉 당시 자비에 돌란은 어린 나이에도 영화계의 상을 거머쥘 만큼 떠오르는 신성으로 주목받았다. 그러나 경험 부족 탓인지 그때 한 번 번쩍하고 그 후로의 작품은 크게 인정받지 못한 것 같다.

나는 리디야에게 여행을 얼마나 자주 하는지, 앞으로 계속 블라디보스톡에서 생활할 예정인지 물었다. 왜냐하면 나에게 블라디보스톡은 변방이라면 변방이라 할 수 있는 러시아의 외진 곳이란 인식이 있었기 때문이다. 그리고 피아니스트라면 그런 곳보다 좀 더 대도시에서 활동하는 게 맞지 않냐는 생각 때문이었다. 리디야는 솔직하게 고국 러시아에 대한 자기 생각을 밝혔다. 〈러시아는 변했어. 사람들도 변했고. 이전의 강국 러시아가 아니야. 19세기를 봐. 톨스토이, 도스토예프스키, 라흐마니노프는 이제 없어. 러시아는 문화적인 면에서 쇠퇴했고 사람들은 남성성만 강조하면서 거칠어졌어. 나는 솔직히 러시아에 대한 프라이드를 잃었어. 러시아가 앞으로 어떻게 될지 모르겠어. 예전의 러시아는 위대했는데 더 이상은 아니야. 나는

러시아를 떠나 살고 싶어. 베트남이나 이런 한적한 곳에.〉

〈베트남? 거긴 너무 덥고 습하지 않나.〉

〈괜찮던데? 전에 여행 가봤는데 사람들도 느긋하고 여유가 넘쳤어. 그런 곳에서 사는 게 나에게 도움이 될 거라 생각해.〉

대문호도, 대음악가도 사라진 지금 하지만 그 후로도 안드레이 타르코프스키 같은 전설적인 영화감독도 있었고 푸앵카레의 추측을 푼 그리고리 페렐만 같은 수학자도 있었다. 또 내가 모르는 위대한 문인이 러시아에 숨 쉬고 있진 않을까? 리디야의 견해는 그랬지만 러시아는 여전히 나에게 미지의 나라였다. 다만 그리고 6년 후 전쟁을 벌이면서 그런 인물이 될 수도 있었던 수많은 남성이 전쟁터에서 참혹하게 목숨을 잃은 건 사실이었다.

〈블라디보스톡에서 사는 이유는 뭐야?〉

〈나는 직전에 상트페테르부르크에 살았어. 모스크바 다음으로 가는 러시아의 대도시야. 거기 국립극장에서 일했는데 상트페테르부르크 날씨는 항상 우중충하고 어둡고 해가 드는 날이 적어서 우울증도 걸리고 내 정신 건강에 안 좋더라고. 내가 보기엔 거기 사람들 대부분도 그래. 표정이 어둡고 항상 뭔가 심각한 편이지. 하지만 블라디보스톡은 러시아의 캘리포니아 같은 곳이야! 해가 쨍쨍하고 날씨가 엄청 좋고 깨끗해. 여름에는 서핑을 타거나 해안가로 나가 해수욕을 할 수도 있다고. 난 블라디보스톡 생활에 만족하고 있어.〉

나는 리디야와 저녁에 또 한 번 심플리를 나와 구도심을 올라갔다. 나는 그녀에게 프라하의 이면, 잘 알려지지 않은 아름다움을 구경시켜 주고 싶었다. 앞서 서술했던 바와 같이 카를교를 지나, 말라 스트라나를 거쳐, 스타벅스, 그리고 비투스 대성당이 있는 고원까지 올랐다. 청명하고 맑은 분위기. 프라하 국립 미술관이기도 한 슈바르첸베르크 궁전(Schwarzenberský Palác)과 비투스 대성당은 문을 잠그고 잠들어 있었고 우리는 벤치에서 앉아 맥주 캔을 땄다. 무엇인지 모르는 초록색 코젤로 목을 축였다.

아무런 소리도 들리지 않았지만 우린 그리 어색하지 않았고, 그렇다고 남녀관계로 함몰되지도 않는 적당한 거리감을 유지하면서, 그 옛날 궁정으로 둘러싸인 정원의 적막을 즐겼다. 늦은 시각에 개를 산책시키는 주민이 우리가 온 반대쪽 언덕으로 올라왔다. 개의 발톱이 보도블록을 긁었다. 궁전들이 워낙 높았기 때문에 이 사각형의 정원 벤치에 앉아 있는 우리도 궁정화가의 풍경화 속에서처럼 작은 사람이 된 것 같았다. 다만 현대적인 티셔츠를 입고 있는 작은 사람. 〈러시안!〉 리디야가 속삭였다. 저쪽에서 한 연인이 조용하게 대화 나누는데 그들이 러시아 사람이란 것이다.

〈외모만 보고도 러시아인을 구별할 수 있어?〉

〈대충은? 그들이 입고 있는 스타일이 있으니까. 하지만 반반이야. 정확하지는 않아. 러시아에도 다인종이 섞여 있고, 조상이 러시아여도 외국에 나가서 사니까 얼굴만 보고는 알 수 없어. 하지만 그들이 영어를 하면 대번에 알 수 있지.〉

맥주 한 캔을 비우고 다시 내려갔다. 나는 리디야와 심야의 구도심을 갔다 오고 다음과 같은 기록을 남겼다. 우리 사이엔 별거 없었지만 어떤 은밀한 심리적 사태가 무의식 차원에서 작동하는 걸 조금 느꼈다. 원인은 우리가 우연히 그때 그 시절 프라하라는 장소에서 만났기 때문일 것이다.

「구둣발에 닳고 닳아 반들해진 정방형 보도블록은 매끈하게 주홍불에 감싸인 상태. 인적 드문 거리엔 산보객의 신발이 먼저 뒤꿈치로 한 번, 그리고 고무창의 탄성으로 앞꿈치로 한 번, 보도블록을 탄력 있게 때리며 동틀 녘 수도승의 목탁처럼 명상적으로 충돌했다. 일종의 종교적인 타악기로 승화된 두 개의 목탁이 조화를 이루며 한밤중을 거니는데, 이것들은 존재의 두 번째 악기인 언어를 아껴 피우는 담배 연기처럼 낮은 목소리로 발설했다. 내뿜은 단어는 입에서 떨어져 나와 조금 위에서 뒤섞이며 이해가 이뤄지는 중이다. 도시는 잠들었고, 오직 몇 개의 불빛만이 간간이 목격될 뿐이다.

산보객들은 정지된 공기를 살결로 가르며 거의 숨도 쉬지 않고 있었다. 공기는 코끝에 닿아 두 볼을 부드럽게 쓰다듬으며 귀밑으로 넘어갔다. 마치 종이비행기의 유유한 비행의 영상을 소리 없이 보듯 침묵 속에서 공기를 베어냈다. 다시 들이마시는 공기는 비로 인해 티끌 없이 달콤하고, 말은 연기처럼 부드럽고, 바닥은 목탁처럼 청명하고, 그리고 거리는 부드럽게 주홍불에 안겨 있었다. 이것은 1초간의 현상으로, 30억 초의 필름 테이프로 환산될 수 있는 한 생이 맞이한 타국에서의 자정이며, 그러한 1초가 영사기처럼 눈앞에서 섬세하게 흐르고 있었다.」

리디야는 블라디보스톡으로 돌아가며 가까우니 언제 한번 놀러 오라고 했다. 사실은 꼭 오라고 했다. 블라디보스톡은 러시아의 샌프란시스코임을 보여주겠다고. 하지만 아직도 가보지 못했다. 어쩌다 보니 세월이 지났고 그렇게 우리는 서로를 잊었다.

8월에서 9월, 성수기가 될수록 호스텔은 여행객들로 북적였다. 루카는 인턴을 마치고 고국으로 돌아갔다. 언제나 유쾌하고 명랑하던 루카는 왔던 짐 그대로 조촐한 캐리어와 이스트팩 가방을 메고 호스텔을 떠났다. 방에서 루카가 헴프를 피우던 것이 기억난다. 어디서 났는지 여섯 개비를 가지고 있었고 방에서 찐 건초더미 냄새가 진동했다. 루카는 그것을 피우고 즐거워져 내내 웃었다. 〈이건 중독성이 담배보다 없어. 하지만 이걸 피면 사람이 계속 웃게 돼!〉 루카는 아무 일 없이도 실실 웃으며 배꼽을 잡았다. 그 즐거워하던 얼굴이 루카를 생각하면 떠오르는 상징적인 얼굴이다. 언제나 앞으로도 계속 그렇게 살 것만 같았다. 페이스북으로 멀리서 소식을 들으니 웬 뜬금없이 맥주 양조장을 차려 크래프트 비어 사업을 하고 있었다. 그리 술을 좋아한 것도 아녔기에 전혀 예측하지 못한 행보였고, 좀 더 나이가 먹은 루카의 모습은 바르셀로나 축구 선수 페란 토레스와 닮아 있었다.

이제 두 개 남은 우리 방의 침대에는 여행객이 수시로 바뀌었다. 잘 보면 다빗은 사람의 성향에 맞게, 국적에 따라 방을 배정하는 것 같았다. 내향형이면 작은 방에 그들끼리 뒀고, 외향적이면 큰 방에 다수로 뒀다. 벌써 상당히 많은 여행객을 맞이하고 보낸 나는 스스럼없이 먼저 인사를 건네고 〈여행하는 거예요? 프라하에는 이번이 처음이에요?〉 간단한 대화를 나눈 뒤 또 그게 전부인 그 정도의 관계를 맺는 데 익숙했다. 그러던 어느 날 한 서양인 커플이 큰 배낭을 메고 우리 방에 묵었던 적이 있었고, 그들을 보고 당시에 썼던 것을 여기에 남겨본다.

「나는 종종 한 침대에 나란히 누워 자고 있는 연인들의 모습이 가장 아름답다고 느껴. 그들은 그저 자고 있을 뿐이지. 얼마간의 살결은 마주한 채. 또 그런 접촉은 의식되지 않고. 몸의 구성과 뼈의 굴곡으로 어떤 부분은 필연히 떨어진 채로 말이야. 누군가 살짝 잠이 깨면, 상대에게 밀착하지. 성적으로 함몰되지 않고, 담론으로 함몰되지 않고, 형식으로 함몰되지 않은 그 모습은 말 그대로 너무나도 비인간적이야.

나는 오늘 아침 그 모습을 봤어. 프랑스에서 온 커플은 침대 2개를 빌리고는 한 쪽엔 배낭과 아이패드 그리고 갖가지 소소한 물건들을 올려놓는 테이블 정도로 여기고는 다른 침대에서 같이 자더라고. 어젯밤 클럽에 간다더니 이른 아침에는 둘 다 곤히 잠들어 있었어. 나는 방을 나가며 나란히 놓인 두 쌍의 팔을 봤지. 피부는 잘 구운 빵처럼 부드럽게 그을려 있었어. 군데군데엔 검은 점들이 깊숙이 박혀 있었고. 예의상 오래 보진 않고 지나가는 속도에 맞춰서만 한순간을 봤어. 이럴 땐 좀 이기적이어도 되는데 말이야. 씻고 돌아오며 반대쪽에서부터 그 모습을 다시 볼 수 있었지. 나란히 놓인 팔들은 팔목에서 서로 엇갈려 있어. 그리고 손은 서로서로 포개져 있었는데, 빛을 등지고 있던 터라 그늘 아래서 마치 한 뭉치처럼 보이더군. '저 커플은 군더더기 없는 옷을 입고도 저렇게 완전할 수 있구나!' 나는 그들을 지나가며 다시 팔의 평행을, 평행의 지속을, 살결의 매끄러움을, 빛에 살짝 비춰 보이는 솜털들을 감상했지. 고개를 돌려 반대편 침대를 봤어. 거기엔 정리되지 않은 짐들이 그대로 놓여 있었어. 이런 비합리라니! 우주는 모든 것을 평평하게 만들려는 의지를 가졌는데, 그들은 한쪽에 자신들의 사물을 장난스럽게 풀어놓고는 다른 한쪽에 뭉쳐있었어. 공간 확보를 포기하고! 따로 잤으면 훨씬 편했을 텐데! 편한 것이야말로 현대적인 건데…. 나는 그들이 깰까 조심히 가방을 챙겨 나왔어. 그들의 모습도 그렇게 챙기고 싶어서.」 (2017)

파올로는 포르투갈 히피로 약쟁이였고, 길게 딴 레게 머리에 헐렁한 LA 레이커스 유니폼을 걸치고 다녔다. 그와 크게 관계를 맺지는 않았지만 파올로는 모든 관습과 사회의 의무에서 초연하고 자유로운 사람 같았다. 그는 약 때문인지 항상 즐거워 보이기도 했는데 〈브렉시트 전의 런던에서 웨이터로 일했고 그때는 웨이터로 꽤 큰 돈을 벌 수 있었어. 팁이 짭짤했지.〉 그도 관습적인 사회 구성원으로 역할 했던 적이 있어 보였다. 파올로는 부엌에 항상 있었지만 크게 존재감을 드러내는 주도적인 성격은 아녔다.

어느 날 우연히 우리는 파올로와 함께 식사를 하게 됐다. 다빗이 식사를 하겠다고 파스타를 만들려고 했는데 마침 때가 맞은 파올로가 자신이 파스타를 해보겠다고 나섰다. 파올로는 우리가 늘 쓰던 허브와 조미료들, 부엌 찬장에 아무렇게나 놓인 그것들의 이름을 읽었다. 말라비틀어진 베르가못과 산패한 지 오래된 블랙 페퍼의 성분까지. 재료는 동일했다. 마트 빌라에서 사 온 벌크형 파스타, 저렴이 토마토홀 소스, 케첩과 대형마트용 올리브 오일(다빗은 올리브오일이 없으면 그냥 식용유를 쓰기도 했다).

  웃음이 낭창한 파올로의 조리에 새로울 건 없었으나 무슨 신기가 들린 것인지 그가 내놓은 겉으로 보기엔 평범한 파스타 한 접시는 와, 미쳤다! 우리의 기대를 훨씬 뛰어넘는 맛이었다. 내가 '파스타'라고 하는 개념이 가진 맛의 동그라미를 훌쩍 뛰어넘었다. 나는 저절로 입에서 탄성이 나왔고 다빗은 고개를 가로저으며 믿기지 않는다는 제스처를 보였다. 〈와우, 파올로, 유 아 더 베스트 파스타 쿠커!〉 넉넉한 친절과 따봉을 날렸다. 별 특별할 게 없는 재료에, 별 특별할 게 없는 조리였는데 어떻게 그렇게 깜짝 놀랄 맛을 만든 것인지 충격이었다. 평이한 것에서 정말 다른 결론을 낼 수 있구나 하는 것을 파올로로부터 처음 알았다. 파올로는 쥐도 새도 모르게 어느 날부터 보이지 않았다. 잡혀간 건 아니겠지……? 비록 그와의 인연은 짧았지만, 지금까지 남을 확실한 인상을 보이고 떠난 파올로는 농구복의 마술사였다.

나의 글은 진전이 없어 보였다. 당시 가져갔던 책들을 번갈아 읽으면서 내게 진정한 흥미를 불러일으켰던 핵심에 다가서고 싶었지만 겉표면만 따라가는 것으로는 좀처럼 핵심에 이를 수 없었다. 프라하 도서관은 너무 덥고 공기도 답답해서 나는 차츰 귀중한 여행비를 투자해 카페로 작업 공간을 옮겨갔다.

〈다빗, 프라하에서 커피를 주문하면 몇 시간 정도 앉아 있을 수 있지?〉

〈(못마땅한 듯) 인쿄! 여기는 유럽이야! 자유의 나라라

고. 네가 물 한 잔을 주문해도 24시간 너에게 뭐라고 할 사람은 아무도 없어.〉

장사를 생각하는 나는 그 정도로 오래 있지는 못했지만 두, 세 시간쯤은 앉아 있어도 되지 않겠냐고 생각했다. 자리가 널널한 개인 카페는 정말 눈치 같은 건 주지 않았고 (아니면 내가 눈치채지 못했거나?) 동네 주민들은 보통 말도 잘 듣고 얌전한 개 한 마리씩 끌고 와 얼마든지 편하게 있다가 갔다.

내가 제일 좋아하는 카페는 현재는 폐업을 했는데 도심 한적한 골목길에 있던 오리지널 커피(Original Coffee)였다. 가정집을 개조한 카페는 편안하고 아늑한 분위기에 가격도 합리적이어서 사이폰에 내려주는 커피도 4,000원쯤밖에 안 했다. 가정집이었으면 거실이었을 중앙에는 긴 테이블이 있었는데 나는 거기서 책을 읽고 커피를 마시는 편이었다. 오리지널 커피 입구에는 작은 벤치가 놓여 있었다. 그곳에선 누구나 편하게 거리를 구경하고 커피를 마실 수 있었다. 벤치 위 어떤 규칙으로도 얼룩지지 않은 청량한 공기는 이곳에 앉고 싶으면 앉고 가고 싶으면 가라는, 누구도 신경 쓰지 말라는 자유로움이 묻어 있는 것 같았다. 입구는 소탈한 동네 형처럼 성성하게 낡았으며 콘크리트 벽에는 장난스러운 그라피티가 쭉쭉 그어져 있었다. 오리지널 커피를 다시 보고 싶어 폐업한 카페를 구글맵으로 찾았더니 웬걸 체코인 누가 올린 리뷰에 내가 나와 있는 사진을 발견했다. 원고를 읽고 있는 그 모습은 지금과 크게 다르지 않았다. 하지만 어딘가 창피한 헤어스타일은 어떻게 저러고도 잘 다녔나 싶다.

심플리 호스텔에는 한국분들도 오갔지만 그리 많은 수는 아녔다. 하지만 성수기가 되자 거리에서는 확연히 늘어난 한국인들을 만날 수 있었다. 프라하 야경에서 넓은 다리를 활보하던 커플은 어찌나 낭만스러워 보이던지 그들에겐 원하는 만큼 쓸 수 있는 여행 경비와 아늑하고 푹신한 호텔이 기다리고 있어 보였다.

전에는 모르던 우리 한국인의 공통된 특성 한 가지를 호스텔에서 발견했다. 우리가 아주 청결한 민족이란 것이다. 누구도 한국인만큼 깨끗하지 않았다. 한국인은 지극히 낡은 건물 외관의 호스텔에 들어오면 일단 침대부터 들어 탈취제와 소독제를 분사했다. 정보 교류가 활발한 우리나라 사람은 베드버그에 대해 만반의 대비를 해야 안심했고, 내가 그들의 방을 소개하면 베드버그가 있느냐는 물음이 앞섰다. 심플리 호스텔이 우리 기준 무시무시한 분위기를 띠고 무시무시하게 청결하지 않은 화장실을 호스텔 외부에 (다행히 같은 층에) 보유하고 있던 것은 사실이었다. 건식 양변기는 결코 깨끗한 적이 없었다. 호스텔 청소 담당 벨리나(개나리색 머리의 엘레나에서 보랏빛 머리의 벨리나로 직원이 바뀌었다)가 매일 아침 화장실 청소를 해놔도 청결에 큰 신경 쓰지 않는 유럽인과 타 대륙 인물들은 그것을 좀처럼 깨끗하게 두질 않았다.

나는 청결과 관련해 충격을 받기도 했는데 이란 제2의 도시에서 왔다는 어느 청년은 정말 한 번도 씻지 않아 보이는 몰골로 여행을 다녔다. 우리 호스텔에 도착하기 한참 전부터 머리를 감지 않은 게 확실했고 신발도 전부 찢어진 걸 신고 다녔다. 악취가 진동해 부랑자에 가까웠던 그는 하지만 자기가 소프트웨어 개발자라며 순수한 동심을 갖고 대화 나눴다. 다빗과 나는 그에게 다른 투숙객을 위해 한 번쯤은 샤워하는 것을 권해야 할지 고민했지만 자유를 침해하지 않는다는 기조로 그것을 말하진 못했다. 온몸이 찌든 그에게서 나던 악취와 이란은 알코올 금지국이라 클

프라하에서 65

럽에서도 코카콜라를 마신다던 놀라운 사실이 융합돼 여전히 이상한 인상으로 남았다. 또한 심플리에는 우크라이나에서 일자리를 구하기 위해 오는 남성들도 정기적으로 있었는데, 그들은 영어를 일절 하지 못했고 러시아어를 하는 다빗과 우크라이나 출신 옥사나가 그들을 관리했다. 그들이 구하는 일은 보통 공사장 일용직이었고 일을 구하는 날도 있었고 없는 날도 있었다. 누구는 한 번도 구하지 못하고 우크라이나로 돌아가기도 했다. 그중 한 사람도 '씻음이란 내 사전에 없다'는 원칙을 지키는 분이 계셨다. 마음만은 순박했고 도울 일이 있으면 언제든 도왔던 그 멀대 같은 분은 침대에서도 도통 샌들을 벗지 않으셨다. 거기서 피어나던 초록색 향기는 멀리서도 맡을 수 있었고 아직까지 그 냄새를 잊을 수 없다…….

어느 날 한국인 세 명이 동시에 체류한 날이 있었다. 다빗은 그들을 모두 한 방에 배정했다. 제일 어린 여성분은 버티지 못하고 하루 만에 호스텔을 나가 버리셨다. 그리고 남은 분들과는 때가 맞아 프라하의 노을을 보기 좋은 레트나 파크로 데려가 드렸다. 부다페스트에서 넘어오셨다는 어느 여성분은 그곳 호스텔의 베드버그에 물려 온몸이 퉁

퉁 붓고 난리가 났다. 연고를 바르시는 그분에게서 베드버그 증상을 처음 봤는데 정말 장난이 아니더라.

안경을 쓰고 있던 남성분은 평범하셨는데, 사실 나는 남성분이 한 명이었는지 두 명이었는지 잘 기억이 나지 않는다. 악의가 있어서가 아니라 한국 남성이 하는 말은 거의 대동소이해 오랜 시간이 지난 지금에는 구별이 되지 않는다. 구조는 이렇다. "프라하에 와서 참 좋다"—"이틀 있다가 부다페스트로 이동한다"—"한국으로 돌아가면 다시 지옥이고 다 똑같고, 여기서 좋은 건 의미 없고 돈 벌어야 한다." 나는 이 말을 이 사람이건 저 사람이건 똑같이 들었기 때문에 그날 함께 레트나 파크에 갔던 남성분도 두 명이었는지 한 명이었는지 정확히 기억이 나지 않는다. 조기축구에 나가보면 남자들은 다 부동산과 차 얘기밖에 하지 않는가. 그것보다 공통적인 한국 남자들의 주제는 없기 때문이다. 그걸 유럽에서도 마주해보니 그 인간상이 보다 축소되고 응집돼 하나의 단일한 균일체로 보였다. 여성분들은 보통 하루 이틀을 버티지 못하고 나가셨기에 또 특별히 관계하지 않아서 어떨지 모르겠다.

그와 별개로 외국인들이 한국인들에 관해 하나같이 하

는 얘기가 있었다. 〈왜 한국인들은 화가 나 있어요? 왜 아무 대답도 안 하죠? 왜 어떤 사람은 인사도 받아주지 않죠?〉 나는 〈한국 사람들은 영어를 완벽하게 하려다가 경계심이 생긴다〉고 말했다. 나 역시 마찬가지였다. 다빗이 계속 말 걸어주지 않았으면 마찬가지 영어에 자신감이 없어 모르는 사람과 얘기하는 것을 꺼렸을 것이다. 언어에는 문화와 윤리가 녹아있어 영어로 말할 때는 낯선 사람과 인사하는 게 아무것도 아니고 도리어 좀 그렇게 해야 한다는 인식이 있었다. 그러나 한국어에서는 모르는 사람에게 인사하고 쉽게 다가가고 하지 않았다. 한국어에는 낯선 이에게 굳이 인사를 건네야 한다는 윤리가 없었다. 그 차이가 외국인과 내외하는 현상을 보였다고 나는 생각했다. 또 2010년대에 삼십 대에 처해 있던 남성들은 영어 교육에서 스피킹에 치중돼있지 않았기 때문에 영어로 대화하는 게 실제 쉽지 않았다. 그래서 말을 섞고 싶어도 알아는 들었지만 내가 하고 싶은 말을 표현할 수 없었다. 하지만 나는 우리나라 사람이 머릿속에 배워둔 게 많아서 분명 **빠르게** 습득할 수 있다고 믿는 편이었다.

　레트나 파크 메트로놈 아래에 걸터앉은 대한의 자랑스

러운 자식들은 가냘픈 초승달이 날카롭게 창공에 균열을 내고 있는 프라하의 전경에서 자유를 느꼈다.

〈프라하 정말 예쁘네. 여기서 보니까 진짜 멋지네요, 와. 하지만 한국 돌아가면 다 똑같지. 의미 없어. 여기선 이렇게 좋지만, 막상 한국 돌아가면 일상은 다 똑같지. 똑같은 일상의 반복이야. 돈 벌어야지. 애 키우고. 다시 그걸로 돌아가야 해. 그래도 지금은 즐겨볼까……〉

레트나 파크 클럽의 음악은 공중에 지그재그로 음표를 날리며 재미있는 연주를 분출했고 그날은 다큐멘터리 상영회가 있는 날인지 거대한 프로젝터에 프라하 수돗물의 비위생을 지적하는 다큐멘터리도 상영되고 있었다.

〈사랑씨는 돌아가면 뭐 할 거예요?〉 남성분이 물었다.

〈저요? 뭐, 호호, 잘 모르겠네요. 영어 자격증을 따볼까 하는데……〉

〈아, 한국에 돌아가고 싶지 않다!〉 갑자기?

〈좀 자유롭게 살 순 없을까요? 한국에서도……〉

〈혼자 살면 그럴 수도 있겠죠? 하지만 결혼하면 다 끝이야. 절대 그렇게 못 살아. 애 낳으면 완전 끝이고.〉

〈네……〉

이른 아침, 바츨라프 동상이 있는 중앙 광장으로 향했다. 시계탑은 오전 8시를 알리며 종을 쳤고, 노면전차에서 내린 사람들이 병원, 마트, 은행, 환전소와 의류점으로 뿔뿔이 흩어졌다. 아침 안개는 정원 잔디에 이슬 결정을 맺었고 종은 몇 번이나 울리는 것인지 여러 번 뒤에 또 여러 번 *땡, 땡, 땡* 경종을 끊이지 않았다. 한쪽에선 일찍부터 시작한 보수 공사가 한창이고 길을 막기 위해 세워둔 노랗고 검은 줄의 방지대가 공사 시작선에 서 있었다. 제 몸이 반쯤 들어간 인부가 드릴로 도로를 뚫고 흙을 퍼냈다. 저 가무잡잡한 얼굴에 새겨진 밭고랑 깊은 주름은 이 나라 사람의 것이 아니어 보였다. 우리나라보다 사업이 수월할 것 같은 꽃가게에는 초록 줄기가 튼튼한 꽃들이 당당히 유리병에 일어서 있었고, 대롱 끝에 달린 꽃들은 노랑 빨강 주홍에 분홍까지 그 색이 다양했다. 식물의 향기가 거리로 풍기며 코끝에 원초적인 신선함을 전달하니 나는 신선한 아침 공기를 맡았다. **빵** 가게에서 거뭇한 **빵**을 사 가는 사람들 사이로 광장에 붙어 있는 스타벅스로 향했다. 공공 벤치에 새겨진 릴케의 문구.

"I LIVE MY LIFE IN WIDENING CIRCLES."
나는 내 삶의 원을 넓혀가며 살았네. - R.M.릴케

스타벅스에선 가장 저렴한 에스프레스 도피오나 오늘의 커피를 마셨다. 프라하에서 정규적으로 다니던 스타벅스가 세 곳 있었는데, 광장의 스타벅스를 포함해 테스코 옆 스타벅스, 팔라치 아르차의 스타벅스가 있었다. 모두에게 추천할 만한 스타벅스들이다.

안드레이는 몰도바에서 온 다부진 남성으로 갓난 딸을 위해 돈을 벌기 위해 프라하로 넘어왔다고 했다. 그는 심플리 호스텔에서 온갖 보수 설비를 맡았다. 안드레이는 구소련권에서 온 사람처럼 웃는 법이 거의 없었다. 소련에선 이유 없이 웃는 사람을 바보라고 여긴다고 했는데, 그 문화는 그에게도 두껍게 녹아있었다. 안드레이는 차갑고 냉철한 표정, 약간 화가 났나 싶은 얼굴이어서 처음엔 거리를 뒀지만, 거기엔 별 의미가 없다는 것을 곧 깨달았다.

안드레이는 심플리의 온갖 궂은일을 했다. 내가 볼 땐 거의 노동 착취에 가깝게 혼자 다 했다. 더러운 청소부터 심지어 인테리어 공사까지. 옥사나는 건물 최상층을 매입해 자신의 집으로 꾸몄는데 그 개조를 안드레이에게 시켰다. 안드레이가 다부지고 힘도 셌지만, 일부 일들은 혼자 할 수 없어서 얼굴을 익힌 나에게 도움 요청을 하곤 했다. 〈인교이!〉 슬라브어족 사람들은 나를 그렇게 불렀다. 이름 끝에 '~이'라고 붙이는 게 부르기 쉽나 보다. 먼지를 뒤집어쓴 안드레이는 보급형 삼성폰을 들고 나에게 다가왔다. 그리고 휴대폰 번역기에 대고 뭐라 말하고 보여준다. '시간이 잠깐 돼?' 도움 요청이다. 안드레이와 꼭대기 층으로 올라갔다. 안드레이는 혼자 부엌을 모두 뜯어내고 보일러와 싱크대를 새로 설치하고 있었다. 그는 나에게 저 큰 냉장고를 같이 옮기자고 했다. 물론 말은 통하지 않았지만 그저 손짓과 눈빛으로 알아 들을 수 있었다. 우리가 나누는 음성 어휘는 딱 네 가지였다. '데어?' '히어?' '오케이?' 그리고 '오케이!' 일을 마치면 안드레이는 곰 발바닥 같은 손으로 신의 가득한 악수를 건넸다. 그리고 먼지 가득한 안드레이는 번지르르하고 깨끗한 이빨을 보이며 미소 지었다.

안드레이는 호스텔 일 말고도 다른 일도 했다. 그중 하나가 이삿짐 일이었다. 다빗의 소개로 시작했던 것 같은데, 처음에는 소형 화물을 했다가 아예 집안 이사까지 맡았다. 프라하에서 이삿짐센터를 운영하는 사장님은 다빗과 같은 조지아 출신의 에디샤 아저씨였다. 나잇대는 할아버지로 러시아어는 하지만 영어를 하지 못해 나와는 휴대폰 번역기로 소통해야 했다.

다빗은 내게 아르바이트가 있는 데 관심 있느냐고 물었다. 백 원이라도 벌려던 나는 흔쾌히 좋다고 했다. 다빗은 약속 시각을 전달하고 건물 밖에서 안드레이와 기다리라고 했다. 건물 밖에는 에디샤 아저씨가 기다리고 있었고 나는 안드레이와 벤츠 포터 트럭에 올랐다(유럽은 트럭도 벤츠구나!). 처음 맡은 일은 중앙 광장 왼편에 있는 작은 사무실로 사무 가구를 나르는 일이었다. 에디샤 아저씨는 연세도 있고 허리도 좋지 않아 짐을 들지 못하셨다. 아저씨는 이사 접수와 차량 운전을 맡았고, 나와 안드레이가 짐을 옮겼다.

건물은 나선형 계단과 황금색 손잡이로 된 고급 신축 건물이었다. 사무실은 4층에 있었고, 규모가 작은 게 변호사 사무실이나 정신상담사무소로 운영될 것 같았다. 모든 마감은 매끈하고 예리해서 독일이나 스위스 같다는 인상도 받았고, 카프카의 현대판 사무실 무대로 쓰여도 적격으로 보였다. 중역 의자와 몇 가지 사무 가구를 나른 뒤, 하이라이트로 원목 중역 책상을 날라야 했다. 나선형 계단의 가로 폭과 거의 맞먹는 너비의 중역 책상은 내가 밑에서, 안드레이가 위에서 끌어올렸다. 우리는 서로가 보이지 않았다. 감각에 의지해 감각으로 소통하며 계단 한 칸씩을 들어올려야 했다. 벽면과 주변 장치가 한눈에도 값비싸단 걸 알았기에 매우 조심해서, 그리고 목재 계단이 파손될까 절대 내려놓지 않고!

우리는 중역 책상을 두고 물리적으로 하나로 연결됐다. 마치 이 소같은 동물의 몸통이 책상이요, 다리가 안드레이, 나머지 다리가 나인. 그리고 그것들의 관절은 손과 손 끝으로 이어진 우리의 뼈마디였다. 그리고 몇 계단 올라가면 던지는 안드레이의 외마디 외침.

〈인교이, 오케이?!〉

〈오케이!〉

그다음 오케이.

〈오케이?!〉

〈오케이!!〉

가도 돼?!

가자!!

기어코 4층까지 끌어올렸다. 교훈성애자였던 나는 거기서 변태적인 교훈, 어느 상황에서는 말이 중요하지 않고, 동일한 말도 시시각각 실시간으로 의미가 변태할 수 있다는 사실을 배웠다. 책상을 넣으니 비로소 사무실이 완성됐다. 여기서는 어떤 사람이 어떤 생각을 가지고 살고 있을까? 우리보다 행복할까, 아니면 환상을 보기 좋게 파괴할 만큼 겉만 번지르르한 큰 질식의 불행을 가지고 살고 있을까? 또 아니면 '사람 사는 거 다 똑같다'는 문화동 미용실 아주머니의 말씀대로 이 사무실에도 똑같은 인생이 진행되고 있을까……?

물꼬를 트면 물줄기는 거세지기 마련이었다. 이사일을 한 번 돕자 에디샤와 안드레이는 나를 찾는 빈도가 늘었고, 나는 거의 일주일에 두, 세 번씩은 일을 하게 됐다. 빈도만 늘어난 게 아니고 일의 강도도 늘었다. 호스텔 관계자들 사이에서 나는 준-다빗인 동시에 준-안드레이로까지 인식되게 됐다. 다시 말해, 일이 있으면 나를 찾았다.

어느새 나는 냉장고와 쇼케이스, 여러 가구를 트럭에 싣고 프라하 이곳저곳을 누볐다. 반지하의 조그만 사무실에 중고 냉장고를 설치해 주기도 했고, 투룸 빌라에 퀸사이즈 침대를 배송하기도 했다. 어느 날 에디샤의 먼 지인인 카자흐스탄인을 만나 같이 트럭에 타게 된 적이 있었다. 그는 카자흐스탄에서 프라하로 유학 온 남학생이었고, 자국에서도 충분한 부를 소유해 보였으며, 생김새가 한국인과 구별되지 않을 정도로 비슷했고, 옷도 베이프(BAPE) 같은 괜찮은 의류를 입고 있었다. 〈너는 어디 출신이야? 우즈베키스탄?〉 그가 물었다. 한국인이라고 하니 〈한국인이 왜 이런 일을 해?〉 의아해했다. 국적을 들은 그는 낮은 사람을 대하는 태도를 조금 바꿔 서먹해 했다.

한번은 프라하의 대부분 서민이 살 것 같은 소탈하고 평범한 집에 가본 적도 있었다. 집주인은 통통한 몸집에 속이 은은히 비치는 러닝셔츠를 입고 있었다. 심상치 않은 차림이었다. 우리가 침대를 날랐던 그의 침실은 검은색 페인트칠에 보라색 풍선으로 꾸며져 있기도 했다. 그 집은 전형적인 가정집이었다. 나는 유럽의 집이라면 천장이 다 높을 줄 알았는데, 특별히 천장도 높지 않았다. 미음 자로 된 단지 중앙에는 중정을 두고 있었고, 창밖으로 주홍색 지붕들과 파란 하늘이 보였다. 빌라 뒤쪽으로는 나중에 붙여 설치한 신식 엘리베이터가 있었는데 작동하지는 않았다. 특정 시간에만 돌아가는 건지, 아니면 미리 얘기를 해야 하는 건지 우리는 이사일을 하면서 엘리베이터를 만나도 그걸 이용할 수 있었던 적이 단 한 번도 없었다.

평범한 집도 있었다면 특별한 집도 있었다. 러시아 부부가 프라하 교외 코스트코 근처에서 프라하 북부로 이사를 했다. 그들은 거친 외모에 멧돼지 털같이 빳빳한 수염을 가진 남편과 아리땁고 모델 같은 분위기에 나이 차이가 많아 보이는 아내 두 내외였다. 그들이 이사 가는 새집은 최근 지어진 모던한 건축물이었고, 스테인리스로 말끔하게 마감된 마감재와 은은하게 비추는 라인 조명이 결합돼 현대적이고 신세기적인 분위기를 풍겼다. 거기에 어울리는 가구는 북유럽식의 조형적이고 값비싼 것들이었으며, 이케아식의 서민적인 건 조화될 수 없어 보였다.

나는 이 집이 얼마냐고 물었다. 외견 차가워 보이는 모습과 다르게 친절하기만 한 러시아 부인이 루블에서 유로로, 유로에서 코룬으로 한참 계산해 보더니 숫자를 알려줬다. 새집은 대충 1억 초반이었고, 그 값을 듣고 나는 깜짝 놀랐다. 부인은 외국 자본이, 특히 독일과 러시아 자본이 투입되고 있어 부동산 가격이 과열되고 있지만 아직은 이 정도라고 하셨다. 1억이라고? 그렇다면 나도 한국에서 빨리 돈을 모아 프라하에 집을 사야겠다. 방 두 칸짜리를 사서 한국에서 친구들이 놀러 올 때마다 방을 내줘야겠다고 생각했다.

수고했다며 에디샤 아저씨가 수고비를 줬다. 땡그랑, 동전 6개가 손바닥에 떨어졌다.

〈원래 시간당 150코룬인데, 인교이 너는 특별히 200코룬씩 쳐주는 거야.〉

〈감사합니다!〉

우리 돈으로 시간당 만 원 돈이었으니 나쁘지 않았다. 1억까지는 10,000시간, 417일의 24시간 연속 근무밖에 남지 않았다. 집은 금방으로 보였다. 다빗에게 〈오늘은 아주 좋은 집에 갔다 왔는데 1억밖에 하지 않더라〉라 했더니, 〈1억이면 프라하 외곽에 오래된 고성도 살 수 있다〉고 했다. 별장은 5~6천이면 살 수 있다고.

프라하의 이런저런 집을 순회하듯 방문하던 중 제일 기

억에 남는 건 언덕길에 있던 어느 건물 5층에 있던 가정집이다. 그 집으로 이사 온 여성은 30, 40대로 보이는 전문직 여성이었고, 우리는 엘리베이터가 존재하는데 꿔다 놓은 보릿자루처럼 전혀 꼼짝하지 않는 건물에서 꼭대기 층까지 무거운 이삿짐을 전부 아날로그로 날라야 했다. 나는 이날 더 이상 손아귀가 쥐어지지 않는 경험을 했다. 한번은 CRT 텔레비전을 옮기다가는 그것을 놓치고 말았다. 거의 좀비 손에 가까운 손가락으로 손잡이에 밀어 넣고 옮기는 지경이었는데, 자존심 상하게도 안드레이에게 〈인교이, 오케이?〉 괜찮냐는 안부 인사도 들어야 했다. 〈오케이! 에브리띵 올라잇!〉 늘 슬리퍼를 신고 이삿짐을 옮기는 안드레이는 지치는 법 없이 꾸준하게 무거운 짐을 날라서 힘의 차이를 체감할 수 있었다. 나는 안드레이한테 그냥 구겨지겠구나.

작업 막바지에 가서는 정말 아무 손도 쥐어지지 않아서 가벼운 것밖에 들리지 않았다. 나는 마인크래프트 캐릭터처럼 손바닥의 마찰력만으로 짐을 날랐다. 끝나지 않을 것 같던 작업이 끝나고 주인의 요청대로 침대와 소파를 조정한 뒤 물 한 잔을 마셨다. 유럽 수도에서 석회가 나오느니 마느니 하는 것을 신경 쓸 겨를은 없었다. 잠시 숨을 돌리며 그 언덕 집 꼭대기 층에서 프라하를 내려보던 광경은 너무나 아름다웠다. 파란 하늘, 저 멀리 전원주택들 그리고 더 멀리에는 랜드마크 성 비투스 대성당이 보였다. 왠지 여기서라면 모든 일이 잘 풀리고 행복하기만 할 것 같았다. 유럽의 우아한 감촉이 서려 있는 이불과 커튼, 라탄 가구들에 테이블 화병에는 아무 꽃이나 꽂아둬도 쉽게 그림이 될 거 같았고, 아직 발견하지 못한 미지의 걸작을 읽어 보기 시작해도 딱 좋은 신선한 공기와 채광을 가지고 있었다. 여기선 밤의 고요만이 모닥불처럼 조용히 사그라드는 한산한 저녁에 휴대폰을 하다가 깨끗한 유리잔에 물 한 컵을 마시고 케밥을 먹으러 나가는 것만으로도 코끝에 행복한 냄새가 스칠 것 같았다. 정말 멋진 집이 아니지 않을 수 없었다.

안드레이와의 이삿짐 일은 여행 말미까지 계속됐다. 그것은 견문으로나 금전적으로나 큰 도움이 됐다. 나는 한국이 아닌 곳에서, 그러니까 충주가 아닌 곳에서, 수원이 아닌 곳에서, 서울이 아닌 곳에서, 프라하에서, 프라하 중심이 아닌 곳에서, 프라하 외곽에서, 프라하 외곽 너머에서,

프라하 외곽 더 너머에서, 지하에서, 상층에서, 창고에서, 근교 도시 어디에서, 그 어디에서나 우리만큼, 또는 우리보다 더 활력적으로, 사람들이 살고 있음을 여실히 깨닫게 된 경험이었다.

카를린(Karlín)은 사람은 아니고 프라하 터미널 너머에 있는 프라하 8지구 초입의 지역이다. 나는 호스텔을 중심으로 동서남북 되는대로 활동 범위를 넓혀갔는데, 카를린은 그렇게 도달하게 된 지역 중 하나였다. 처음 카를린에 가게 된 것은 시내 어디에서든 보이는 높은 언덕 위의 청동 기마상을 향해 그게 무언지 알아보기 위해 가게 되면서였다.

청동 기마상은 프라하의 주요 랜드마크이자 국가 지정 문화유산으로 비트코프 국립기념관(Národní památník na Vítkově)이란 곳이었다. 그곳에는 중부 유럽 최대 규모라는 보후밀 카프카가 1938년에 완성한 얀 지슈코프 기마상이 당당하게 서 있었고, 그곳 전부는 제1차 세계대전 참전용사를 기리기 위한 추모 공간으로 사용되고 있다고 했다. 국립기념관에 올랐다가 되는대로 내려와 다다른 곳이 바로 카를린이었다. 구글맵의 카를린 지구 소개를 참고하면 다음과 같다.

「카를린은 옛 공업 지역이 트렌디한 식당과 나이트라이프 중심지로 재탄생한 지역입니다. 아르누보 양식의 건물과 폐공장을 개조해 만든 건물 내부에는 세계 각국의 요리를 선보이는 세련된 식당, 와인 바, 인디 갤러리가 들어서 있습니다. 모던한 포럼 카를린에서는 유명 밴드가 공연을 펼치고 화려한 카를린 뮤지컬 시어터에서는 뮤지컬을 감상할 수 있습니다. 옛 항구를 중심으로 최첨단 사무실 건물이 들어서 있으며 블타바강을 따라 이어진 산책로에는 조깅과 자전거를 즐기려는 사람들이 많이 찾습니다.」 - Google Maps

카를린보다 먼저 닿은 곳은 카를린 바로 옆 인발리도브나(Invalidovna)였다. 그곳은 퓨처라마 비즈니스 파크(Futurama Business Park)가 있는 비즈니스 지구로 최신식 사무 단지쯤 됐다. 나는 예상치 못한 사무 단지의 등장에 놀랄 수밖에 없었는데, 그것의 모양과 형태가 기이했기 때문이었다. 높지 않은 층의 여러 동으로 된 단지는 마치 마리오 월드에 온 듯 익살스러운 분위기였고, 동과 동 사이를 흐르는 시냇물은 왜 저기에 저런 냇물이 흐르게 됐는지, 참신하다는 생각이 먼저 들었다.

냇물에는 장난스럽게도 사실적인 양식의 조각상들이 엉덩이를 내보이고 정지된 모습으로 수영을 하고 있거나, 아니면 무릎도 채 들어가지 않은 낮은 수심에서 몸을 반이나 담근 아저씨가 수영모를 쓰고 진지한 표정을 짓고 있었다. 해학이 넘치는 냇가 주변의 사무동은 1층부터 그 내부가 훤히 개방돼 보였다. 주말을 맞아 한숨을 돌리고 있는 사무실은 희었고, 여기에선 무역이나 부동산 개발 같은 대규모 자본 외에도 닌텐도 게임 같은 재밌는 것을 만드는 업체도 있을 것 같았다.

인발리도브나에서 프라하 도심 쪽으로 이동하다 보니 4, 5층짜리 발코니 주택들이 나타났다. 약간 우리의 옛날 빌라 단지를 닮았는데, 우리의 것보다 집 내부가 개방돼 있었다. 낡고 바란 어린이 놀이터는 별 다를 게 없었고, 단지에는 풀이 많았다. 발코니 마다는 화분과 꽃이 길러지고 있었는데, 프라하의 눈부신 채광이 조그만 빨간색 꽃도 선명하고 총총하게 보이게 했다. 한국에서 나는 티셔츠를 매일 갈아입었는데 프라하에선 2, 3일씩을 입어도 냄새가 안 났다. 아침에 일어나 어제 입은 티셔츠에 몸을 밀어 넣어도 새로 입는 느낌이었다. 건조하고 깨끗한 공기 그리고 그곳의 태양열이 티셔츠를 말리고 살균한 것인데, 그 특유의 공기가 저 빌라 가정집을 전부 메우고 있을 생각을 하니 행복한 기분이 들었다. 매일 꽃무늬 찻잔에 차를 끓여 먹을 여유가 넘칠 것 같았다.

카를린 중심에 도착하니 그곳에는 이 나라식 정육점이 있었다. 거죽 발라낸 토끼 두 마리가 붉은 등 아래에서 적색육을 드러내 놓았고, 귀 없는 고기는 뻥 뚫린 눈구멍부터 꼬리까지 한 몸 통째로의 모습으로 하고 있어서, 이 고기 전시장을 두고 잔인하다고 해야 할지, 솔직하다고 해야 할지 잘 모르겠었다. 정육점에는 햄이 돼버린 가축 다리와 몸통도 걸려 있고 스테이크용 고기도 가져가기 편하게 미리 포장돼 있었다. 우리 입으로 들어오는 게 무엇인지에 대한 분별력을 기르기 위해, 또 거기에는 살아 있는 것을 죽이는 과정이 필연 따른다는 걸 알기 위해 정육점이 거죽 벗긴 동물을 통째로 걸어놓는 전시 시설이 되는 것도 나쁘지 않다고 생각했다. 더욱이 돼지나 닭을 먹을 때 식당에서는 그것이 죽기 전 비명 부르는 눈을 달아놓는 것은 어떤가. 겁을 잔뜩 먹은 돼지가 우리를 바라봐도 우리는 약간의 죄책감과 신경증을 가질 순 있겠지만 그래도 인간은 절대로 고기 섭취를 멈추지 않을 것이다. 섭리와 도덕을 경쟁 붙여놓으면 결국 이기는 건 섭리 쪽이다. 사람의 혀를 말릴 것은 없을 것이다. 그렇다면 걸어놓는 것은 어떤가.

카를린에는 큰 성당도 있었다. 성 시릴과 메토디우스 성당(Kostel sv. Cyrila a Metoděje)은 나의 많지 않은 건축적 경험에서 가장 놀라운 건축물 중 하나였다. 먼저 이전에 경험했던 가장 강렬한 건축물은 20대 때 마찬가지 여기 프라하에서 성 비투스 대성당에 입장했을 때였다. 아무런 사전 정보 없이 가장 높은 곳에 있고, 가장 잘 보이는 곳에 있으며, 대부분 관광객이 그곳을 향한다는 이유로 줄을 서 입장했던 성 비투스 대성당은 얼어붙은 내 건축적 강을 깨부쉈던 튼튼한 쇠도끼였다.

내부 공간은 상상해 본 적 없이 높았고, 스테인드글라스로 떨어진 빛은 그 높은 공간에서 바닥까지 신의 은총이란 이런 것이다, 말하는 듯 광선을 강하게 내려긋고 있었으며, 스테인드글라스를 통과한 광선은 자홍색과 보라색으로 변색돼 벽과 사람들 이곳저곳을 찬란하게 누볐다. 대성당을 감싼 오래되고 차가운 돌은 은은한 바닐라색을 띠며 믿음의 영광을 찬양하는 듯 보였고, 애프스까지 뻗은 저 먼 공간 사이에는 벤치, 그리고 오르간, 그리고 가장 거대하게 그려진 스테인드글라스 하느님까지, 자비로운 손동작으로 천상의 모습을 하고 계셨다.

높은 지붕은 엑스 자로 저기 저 멀리의 하느님까지 이어져 있어서 이 공간이 얼마나 넓고 광대한지, 그리고 그 안에 얼마나 많은 하느님의 숨과 영광이 담겼는지 입방미터의 미학으로 여기 온 자들을 매혹시켰는데, 나는 이 이어짐의 속성이 매혹의 중요한 요소라는 생각이 들었다. 미처 깨닫지 못한 미지의 존재로부터 그 손길이 나에게 이어져 있음을 깨닫게 되는 순간이 개도의 기회가 되듯, 이처럼 물질적으로 저 먼 곳부터 이곳까지의 계속된 돌의 이어짐은 환상적인 감탄을 자아내게 했다. (마찬가지 문학에서도 백 년 전의 작가가 현재 나와 같은 고민과 공허감, 결핍을 정확하게 표현한 것을 보면 시공간의 초전도체적 이어짐에 놀라곤 한다.)

이곳 카를린의 성 시릴과 메토디우스 성당도 비투스 못

지않은 경탄을 불러일으켰다. 일단 비투스와 다르게 이곳엔 아무 사람이 없어서, 그 거대하고 육중한 성당 문을 밀고 들어갔을 때 마치 정말 신의 집으로 들어간 소인이 된 기분이었다. 문을 밀자, 그림자 속에서 오래 냉각된 차가운 바람이 온몸을 엄습해 살갗을 식혔고, 문을 열며 촉발된 쇠경첩의 울림은 아무도 없는 성당 전역을 *끼익*, 그 한 단어로 가득 공허하게 채웠다. 후각을 자극하는 차가운 돌 냄새, 폐는 왠지 이 냄새를 오래 기다렸다는 듯 곧 익숙하게 그것을 배에서 회전시켰다. 이 넓은 곳에 아무도 없다는 저밀도의 감정이 나를 전방위적으로 육박해 들어오니 몸에 살짝 전율이 일었다. 나 하나의 체온이 성당에 별 영향을 주지 못하듯, 이곳에서 내 존재는 있으면서도 없는 존재였다. 그런 존재를 지각하는 자가 있다면 오직 신만이 지각할 테니, 그렇다면 그런 공간은 지상에 없는 곳일 테니, 이곳은 그래서 신의 공간으로 느껴졌다. 소박한 햇살이 성당에 스며들어 있었다. 오래된 지도에 나타난 체코 공화국에는 보헤미아란 이름이 붙어있었다. 충분히 있고 싶은 만큼 오래 성 시릴 성당을 둘러보고 나왔다.

근처에는 카페 카를린(Kafe Karlín)이라는 작고 세련된 스탠딩 카페도 있었다. 그곳엔 회사원으로 보이는 캐주얼한 복장의 사람들이 있어서 근처에 회사가 있나 싶었다. 프라하 커피값이 저렴하단 점은 정말 좋았다. 나는 용기를 내어 들어갔고(너무 세련됐기에 들어가기 약간 무서웠다), 안에선 직접 로스팅도 하는 듯 로스터리 기계도 보였다. 커피를 주문하니 소주잔같이 작은 종이컵에 커피를 내줬다. 크레마의 색은 어디서 본 것보다 오렌지빛이었고, 보이는 만큼 시트러스 향이 상큼하고 진한 커피는 그 맛이 제대로였다. 카틀린 커피는 지금도 생각날 정도로 강한 향미가 인상 남았다.

많이 돌아다녔고 배도 고팠다. 평소 쌀밥을 먹지 못해서 그런지 배도 쉽게 꺼지곤 했다. 그러다 대로 한쪽에 쓰인 올유캔잇(ALL-YOU-CAN-EAT)이란 간판을 발견하고 반가운 마음으로 그곳으로 가봤다. 중식당으로 보이는 그곳엔 분명 쌀알이 넘칠 것 같았다. 시내에도 올유캔잇 그러니까 원하는 만큼 마음껏 먹을 수 있는 뷔페식 중식당들이 있다. 여행 초반, 영양을 보충하기 위해 돈을 아껴 한 곳을 들른 적도 있었다. 프라하에 차려진 중국집에선 실내는 그럭저럭 중국풍을 잘해놓은 게 장식용 물레방아도 돌아가고 테이블도 원형 목탁이다. 그러나 일하는 사람들은 체코인이어서 그런 조합은 어딘가 낯설고 어색했다. 그렇다면 이런 프라하의 중국집은 어떤 맛일까?

뷔페 칸으로 가보니 거기엔 모든 음식이 갈색이었다. 튀긴 것도 갈색, 구운 것도 갈색, 그리고 뭔지 모르겠는 것도 갈색. 그러한 이유는 모든 게 갈색 소스에 담겨 있었기 때문이었다. 아마도 간장과 굴 소스로 죄다 조리한 것으로 보였는데, 정말 다 한결같은 맛이 났다. 그리하여 본전을 뽑겠다는 나와 모든 것을 같은 맛으로 준비한 중식당 간의 치열한 전투가 벌어졌다. 결국 나는 양껏 먹고 영양은 채웠지만, 배탈이 나고 말았다. 괜찮은 가격에 괜찮은 영양량이었지만 그 후로 다시 올유캔잇을 가지는 않았다.

그러나 여기 카를린의 올유캔잇은 달랐다! 거기엔 무려 연어 초밥과 캘리포니아롤 같은 흰 쌀알도 눈에 띄었다! 식당 내부는 그저 넓고 하얬다. 시내의 어둡고 벌겋고 음침해 중국을 프라하의 엉덩이에 끼워 놓은 풍과 달랐다. 여기는 체코지만 중국 음식을 해! 라고 솔직히 말했다. 이곳은 내 프라하 여행에서 가장 실질적이고 중요한 발견이었다. 시내 중심에 '마미(Mommy)'라는 한식당도 있었지만 거기는 한 끼에 밥 하나가 나오는 반면 여기는 여러 개의 밥이 나오는 것이었다! 구질구질했지만 어쩔 수 없었다! 하루 경비가 오천 원이었으니! 한국인의 유전자 세포가 이 집을 보더니 크게 한 번 쓰윽 웃고, 내 등을 세게 치더니 어서 들어가자고 권했다. 세포는 곧 여러 개로 체세포 분열을 하더니 뷔페 칸의 여러 음식에 한 접시에 담고 자리로 왔다. 세포가 쌀에게 말했다.

〈쌀알, 너는 어떻게 여기에 온 거야? 여기서 널 만날 거라고 상상도 못 했어.〉

〈나도 몰라. 대륙을 건너는 기차에 탔던 것만 기억나.〉

〈내가 너를 먹을게. 너는 이제 내 안에 있으면 돼.〉

물 건너와 처음 제대로 포식을 한 날이었다. 엄청 대단한 음식은 없었지만, 신의 음식이라 부를만한 김에 오이를 넣어 돌돌 말은 오이 김밥은 조미되지 않은 신선하고 깨끗한 밥알을 먹을 수 있는 신성한 음식이었다. 굶주렸던 세포들이 만족하고 나와 나보다 먼저 이쑤시개로 이를 쑤시고 가게를 나갔다. 계산은 내가 했다. 카를린에 주기적으로 오게 된 것도 바로 이 가게 때문이기도 했다. 카를린역 스타벅스에서 커피 마시고 글을 쓰다가, 동네를 좀 돌고,

거기 가서 밥을 먹는다는 기대감은 삼, 사십 분 카를린을 걸어오는 길이 전혀 아쉽지 않았다. 오히려 오늘은 잘못될 일이 없다는 든든함으로 나를 충만하게 해줬다.

리에그로비 공원(Riegrovy Sady)은 호스텔에서 프라하 중심지 정반대 쪽으로 가면 허름한 프라하 경제 대학교 너머에 있는 언덕의 공원이다. 서울로 치면 남산 터널 옆에 있는 공원 같은 분위기랄까. 하지만 그곳 도로는 훨씬 한적하고 차가 많이 다니지 않았다. 리에그로비 공원은 프라하 시내를 훤히 내려다볼 수 있는 눈이 시원한 전경이 그곳의 백미였다. 잔디와 잡풀이 언덕을 타고 녹색 이불을 깔아 놓은 곳에서 쯔쯔가무시를 두려워하지 않는 서양인과 여행객들이 편하게 앉아 프라하 시내를 감상하곤 했다. 비어스탠드가 있어서 맥주와 포테이토칩을 편하게 먹을 수 있는 건 기본이었고, 여기선 헴프 타는 냄새도 쉽게 맡을 수 있었다. 그게 아무리 연초 담배와 섞여 있다고 해도 잡풀 태우는 냄새가 강한 헴프는 한번에도 누가 들고 있는지를 알아맞힐 수 있었다.

리에그로비 공원은 프라하 노을을 보기 좋은 전경 명소

지만 아직 유랑(여행자 네이버 카페)에 잘 알려지지 않았는 지 한국인을 본 적이 나는 없었다. 호스텔을 찾은 여행객들에게 나는 항상 리에그로비 공원을 추천했다. 한 캐나다 커플이 갔다 오더니 〈정말 좋더라!〉 칭찬을 받은 적도 있었다. 기회가 되면 사람들을 직접 데리고 가기도 했다. 그곳을 갈 때는 꼭 테스코 표 화이트 와인 한 팩을 챙겨 갔다. 그것은 가격도 제일 저렴한 게 얼마였더라, 1리터에 3천 원쯤 했던 거 같다. 〈다들 맥주 챙겨. 술을 들고 가야 해! 거기에서도 맥주를 파는데 들고 가는 게 아무래도 싸.〉 그러면 냉장고에서 호주머니에, 양손에, 비닐봉지에 맥주캔을 넣고 출발한다. 〈걸어서 한 십 오 분 걸려. 너도 갈래? 갈 사람 붙어. 자, 나가자!〉 나는 그들을 대동해 리에그로비로 가면서 팩 와인으로 목을 축였다. 멋진 곳을 소개한다는 자신감에 발걸음도 당당했다.

먼저 찾아온 이들이 해 질 녘을 맞아 흥겨운 음악을 틀어놓고 열심히 대화를 나누고 떠들고 있었다. 영국어, 불어, 스페인어, 독일어 여러가지 언어가 여기저기서 웅성댔다. 그들 모두는 여행을 온 사람들인 것 같았다. 절대 여기 사는 사람이거나 근처 대학의 학생일 리는 없다. 여행자가 아닌 이상 이렇게 자유롭고 행복할 순 없기 때문에. 〈저기로 가자!〉 언덕 끝에서 몇 번째 아래 자리를 찾아갔다. 조금 높지만 여기서 봐야 제격이다. 〈넌 고국에서 뭐 하다 왔어?〉 리에그로비는 녹색의 CGV였다. 끝없이 펼쳐진, 모서리가 제한 없는 영상판에는 홍시같이 벌건 태양이 손톱만 한 비투스 대성당을 향해 떨어지고 있었다. 곧 그것이 성당에 떨어져 산산이 부서질 예정. 창공은 시나리오대로 영화를 재생했고, 맥주가 떨어진 사람들은 비어스탠드에서 맥주를 사 왔다. 플라스틱 컵에는 넘실대는 황금빛 스타로프라멘.

K열 6번 석의 내가 말했다. 〈나는 그냥 여기서 놀아. 한국을 떠나 있고 싶었어. 물리적으로 실제로 떠나보고 싶었어. 그러면 어떻게 되나 보려고. 나는 좀 정해진 대로밖에 생각하지 못해서. 생각이 바뀌나 보고 싶었어. 그렇게 살지 않을 수 있나 한번 보려고. 다빗은 집에서 안 나와! 너네가 내 줄을 탄 건 잘한 거야! 여기 끝내주지?〉

많은 대화가 오갔지만 기분 좋게 취한 내가 기억하는 건 많지 않았다. 대화도 중요했지만 더 중요한 건 대지의 능선에 다가와 창공을 빨갛게 물들인 저 천천한 구슬이 과연 진정으로 비투스를 정확히 타격할 것이냐 여부였다. 땅에 가까워질수록 적색은 왕성한 활동을 벌이더니 광경이 붉은 긴장감을 불어넣어 줬고, 우리 언덕의 관람객들은 팝콘을 주워 먹으며 지구공의 스펙터클에서 눈을 떼지 못했다. 고딕 첨탑을 살짝 비껴간 구슬공은 이번 차례의 사격에 실패하고 땅으로 꺼져버렸다. 〈내일 다시 쏘겠어!〉 곧이어 하늘은 창백한 파랑으로 변하더니 금방 어둠에 휩싸였다. 깊은 남색이 된 밤의 폐막식 앞에서 누가 이 일을 꾸몄는지 스태프 이름을 단 별들이 떴다. 관중들은 더 신나게 술을 퍼마시거나, 일어나 춤을 추거나, 자리를 툴툴 털고 프라하 중심가로 향했다. 영화가 끝난 후에는 자체적인 페스티벌이 시작된 것이었다. 〈가자! 술 다 마셨어? 그럼 사 들고 주방으로 가자!……〉

삶이 덧없다면, 어떻게 살아야 죽을 때가 되어서도 후회하지 않을까? 이 질문을 삶 전체에 던져볼 수도 있겠지만, 여기선 잠깐 이 작은 프라하 여행에 던져보려고 한다. 지금에 돌아봤을 때 무엇이 후회됐던지를 생각해 보는 것이다. 이 문제는 현재 내가 대상(프라하 여행)을 바라보는 관점과 관련 있을 것이다. 그 많은 외국 여성을 만났으면서 여자 친구 하나 만들지 못 했냐고 하면 여성과 관계하지 못한 것에 후회할 것이고, 프라하에서 더 살지 그랬냐 하면 취업 비자를 따내지 못한 것에 후회할 것이다. 예를 들자면 그렇다. 지금 대상을 바라보는 관점에 따라 후회는 결정되기 마련이다.

내가 지금 드는 후회는 억지로 인간관계를 만들려고 했던 시도들이다. 나는 한국에서 원래 알고 있던 영국인 친구에게 프라하 친구를 소개받았고, 흐라벡은 본인이 아는 지인 부부와 펍에 갈 것인데 나도 나오라고 했다. 그 모임에 별 관심이 없었지만 매우 열려 있는 유럽식 소셜 네트워킹의 정신을 어느 정도 받들어야 한다는 의무로 〈와이낫?〉 모임에 나가겠다고 했다. 그 자리에서 흐라벡을 본 것도 처음이었고, 당연히 그의 친구들도 처음이었다. 이렇게 모여서 무슨 얘기를 한담? 나는 별로 쿨가이도 아닌데. 흐라벡이 초대한 펍 더 테이번(The Tavern)은 지극히 유럽스러운 공간으로 동굴같이 생긴 내부에 예거마이스터나 보드카 등이 전시돼 있었다. 나는 호가든 한 잔을 시켰고, 라임이 썰어 나온 호가든 생맥주는 이천 얼마였다. 흐라벡은 한국에서 내 모교에 교환학생으로 다녔던 적이 있었는데, 얼굴을 보니 지나다가 저 이국적인 얼굴을 봤던 기억이 났다. 멀대 같이 크고 피부가 희멀건 그 사람이 흐라벡이었고 영국인이 아닌 체코 사람이었구나!

흐라벡의 친구는 마이크로소프트를 다닌다고 했고 퇴근하고 바로 와 양복 차림이었다. 그의 부인도 곧이어 도착했고 어여쁘고 아담한 검정 머리칼을 가지고 있었다. 그래, 이제 무슨 말을 하지? 여긴 내가 잘 아는 심플리 주방도 아니고 이 처음 보는 이들과 무슨 얘기를 해야 하지? 지금 와서 돌이켜 보면 굳이 그곳을 나가지 않아도 됐을 것 같다. 그 펍에서의 수확은 여기 사람들이 에너지 드링크 레드불에 증류주를 섞은 칵테일을 즐겨 마신다는 것이었다. 그것에는 무슨 밤(Bomb; 폭탄), 그레네이드(Grenade; 수류탄) 같은 이름이 붙었다.

사람 관계에서의 기묘한 힘은 올 사람은 오고, 갈 사람은 알아서 가게 해주니 그걸로도 관계는 충분했다. 이 억지스런 관계를 촉발시킨 건 공중을 떠다니는 가상의 네트워크였는데, 그것이 내게 흐라벡의 연락처를 줬고, 서로의 정보가 결핍된 사이 혹은 SNS의 편파적인 이미지만 아는 추상적인 사이를 연결해버린 것이다. 만일 현실에서 흐라벡을 만났다면 풍부한 정보력으로 나를 초대하지 않았거나, 내가 나가지 않는다고 했거나, 아니면 서로를 그냥 지나쳤을 수도 있었을 것이다.

또 후회되는 게 있을까? 다빗이 비자를 따 주겠다는데 거절한 것(외국 생활에 대한 염원)? 도처에 널린 헴프에 손대지 않았던 것(호기심과 쾌락)? 베를린으로 한 달 살기 가지 않았던 것(새로운 여행)? 좀 더 나은 환경의 숙소로 옮기지 않았던 것(안락함)? 글을 쓸 게 아니고 한국에 가져와 사업을 펼칠만한 아이템을 찾지 않았던 것(부)? 글을 쓸 게 아니고 공무원 준비나 자격증 대비를 하지 않았던 것(안정성)? 하지만 지금에도 이것들이 후회되진 않는다. 더 나은 가능성을 살리지 못한 건 맞지만 뭐, 내 주제에 어쩔 수 없는 거 아닌가. 그러고 싶다면 새로 태어나든가 해야 할 것이다. 지금에서 보면 나머지는 마음에서 자생한 행동이었기에 더 후회되는 건 없다. 앞으로도 이렇게 살아야 하지 않을까?

나는 한 차례 아주 아팠던 적도 있었다. 독감에 먼저 걸린 건 다빗이었다. 다빗은 40도에 육박한 체온계를 보여주며 고열에 시달리는 사람답게 눈알이 물고기 눈알처럼 매끈하게 열이 올라 나를 쳐다봤다. 다빗은 그래도 병원을 가지 않아서 신원에 무슨 문제가 있나 싶었다. 다빗이 필요하단 물건을 마트 빌라에서 사다 줬다. 다빗은 멧돼지 같은 맨살을 모두 드러내고 침대에 누워 며칠을 보냈다. 다빗이 나아지기 시작할 때부터 내가 아프기 시작했다. 전염이 된 것이다. 당시 나는 '아프면 달리기를 해 땀을 빼면 낫는다'고 믿고 있었다. 열이 오르던 첫날 부슬비가 추적추적 내리는데 뛰러 나가겠다고 했다. 〈인쿄! 알 유 크레이지? 열이 이렇게 나는데 나가서 뛰겠다고?〉 다빗이 말렸다. 〈아니. 나는 뛰고 오면 다 나을 거야. 봐봐. 이래야 더 빨리 나아.〉 나는 한 시간 정도 시내를 달리고 왔다. 땀을 빼니 신열은 느껴지지 않았지만 돌아오는 길에 열이 식으니 추위에 벌벌 떨었다. 〈봐봐. 이제 샤워 싹 하고 자고 나면 다 나아.〉

다음날 일어났더니 열은 더 심해졌다. 다빗은 쉬라고 했지만 나는 기어코 도서관에 나가 책을 읽고 글을 썼다. 몸에서 열이 오르는 게 느껴졌다. 〈거 봐. 내가 뭐랬어?〉 다빗은 한심하다는 듯 쳐다봤다. 그리고 나는 며칠이나 침대에 누워 있었는지 모른다. 그동안 다빗이 약을 챙겨줬다. 그런데 너무 많이 챙겨줘서 더이상 먹고 싶지 않았다. 〈무슨 몇 번을 먹는 거야, 대체?〉 물에 알약을 넣으면 부글부글 끓어오르는, 한눈에 봐도 과하게 자극적인 기포 덩어리를 삼키라고 했다. 〈안 먹어. 많이 먹었어. 이제 쉬고 나면 나을 거야. 안 먹어. 주지 마!〉

〈노, 인쿄! 이걸 먹어야 낫는다고. 고집 좀 부리지 마!〉 정말 먹기 싫었는데 삼켰다. 속이 쓰렸다. 그리고 이것은 나중에 결국 탈이 났다. 약은 정말 많이 먹었지만 약발은 들지 않았다. 안드레이가 오더니 다빗에게 화를 냈다. 왜 이 지경까지 놔뒀냐고 하는 것 같았다. 안드레이는 샐러드 볼에 불명의 용액을 조합해 오더니 내가 입고 있던 옷을 모두 벗겼다. 속옷만 두고 나체로 침대에 누웠고, 이 심플리 수술대에 집도인은 안드레이와 벨리나, 보조 간호사 다빗이었다. 안드레이는 용액을 내 몸 전체에 발랐다. 식초 냄새가 심한 게 아무래도 농축 식초가 많이 들어간 거 같았다. '이게 몰도바식 민간요법인가?' 발끝까지 용액을 척척 바르더니 이불 몇 개로 나를 두껍게 덮었다. 처음에는 나체라서 그저 너무 추웠다. '대체 이게 뭐지?' 시간이 지나자 왜인지 피부에서 타오르듯 열이 피어오르기 시작하더니 신체가 불구덩이처럼 뜨거워졌고 육체는 땀을 빼내기 시작했다. 땀을 뻘뻘 흘리며 잤다. 벨리나가 다음날 매트리스와 이불을 갈아줬다.

 어떤 처방이 얼마나 회복을 앞당겼는지 모르지만 결국 시간은 나를 회복하게 했다. 열이 떨어지고 기운도 차렸다. 삼, 사일 정도 지난 거 같았다. 그러나 나는 결국 그 망할 놈의 감기약 때문에 혈변이 멈추지 않았다. 위에서 새어 나오는 출혈에 한여름 프라하에서도 벌벌 떨었다. 여행이 끝나기까지 계속 그랬다. 이상한 기분이었다. 30도가 넘는 태양의 광열이 나를 굽는데 몸은 추워서 한겨울처럼 팔을 단디 오므리고 다녀야 했다. 나는 긴 옷도 샀다. 하지만 며칠 침대에만 누워 있던 나는 기운만은 넘쳤다. 무엇을 해도 피곤하지 않았다. 아프고 나서 나는 프라하에서 가장 멀리까지 나아갈 수 있었다. 모바일 통신사가 후원하는 오투 스포츠 스타디움도 나왔고, 산속 정글짐에서는 아이들이 놀고 있는 것도 볼 수 있었고, 프라하의 산을 올라본 것도 처음이었다. 산 중턱의 외진 길에서 머리를 빡빡 깎은 불량배 같은, 왠지 극우주의자 같은 놈들과 외길에서 마주쳤다. '앞으로 갈까? 뒤로 돌아갈까?' 눈을 마주치지 않고 그들을 지나갔다. 그들이 나를 따라오는 발걸음이 들렸고, 나는 뛰어서 도망쳤다. 나는 뛰기는 잘 뛰었다.

프라하에서

또 산을 빠져나오니 듬성듬성 잡초만 피어있는 황량한 대지가 나타났고, 지평선 끝쪽에 자전거 도로가 있는지 헬멧 쓴 바이사이클러들이 자전거를 타고 쌩쌩 달리는 모습이 보였다. 예상치 못한 놀라운 반전. 우연히 도착한 어느 곳에선 대체 무슨 건물이라고 딱히 설명할 수 없는 용도를 알 수 없는 대형 건물 하나가 떡하니 서 있었다. 그것은 속을 텅 비운 대형 기차 플랫폼 같기도 했고(선로까지 모두 치워낸), 아니면 엄청나게 큰 스케이트장이라든가, 또 아니면 밤에만 운영하는 서커스 전용 시설처럼도 보였다. 대형 건축물은 바래고 오염된 유리알 안으로 빛을 한가득 머금고 옛 향수를 불러일으키고 있었다. 지나간 시대의 풍미를 강직하게 지켜내며 최초와 같은 위용의 퍼포먼스를 자아내곤 있었지만, 지금의 내가 보기엔 한물간 시대의 것이란 슬픔의 인식이 가장 앞선 감정이었다.

이 여행기에는 다소 자의식이 강한 부분도 있다. 그렇지 않은가? 여기서 이렇게 있는 게 맞는지, 글쓰기에 대해 반복해서 묻는 부분. 그것은 내면에서 싸움이 그만큼 벌어졌고 이것이 이 글의 중심 주제이기도 하기에 나는 있는 그대로를 표현했다. 고국에서 습득한 30년간의 경제적 가치관은 나에게 여러 번 이렇게 말했다. 〈이 프라하 여행은 기행일 뿐이고, 여러 지인과 친지 가족들의 입에서 부글부글 끓어오르고 있는 바 "너는 돌아와 취업 준비를 해야 할 것이야."〉 그에 대적하기 위한 나의 전략은 그들을 설득할 만한 결과물을 써내는 것이었고, 하지만 그런 결과물은 나오지 못했으니 프라하의 풍광에는 실질로 내적 갈등으로 물들곤 했다.

자기 과잉은 타국에서 새로운 삶의 방식을, 그것도 비경제적인 방식을 모색하는 한국인 대부분이 겪게 될 증상이 아닐까 싶다(내가 여기서 대체 뭘 하고 있는 거지?). 어떤 한 남자를 가정해 보자. 그는 그리 부유하지 못하고, 공부도 썩 못하진 않았으며, 착실했고, 이제 남은 것은 회사에 들어가 연봉 얼마를 받고 그것을 저축해 아파트를 사서 부동산 대출을 갚는 일만 남았다. 그가 무엇을 한다고 이제 와서 그런 경제의 길을 포기한다면 되돌아오는 여파는 자기 과잉이 아니지 않을 수 없는 거 아닌가.

또한 굳이 해외에 나가 비경제적 방식을 모색하지 않아도 이런 사람도 있을 수 있을 것이다. 김석현(27세, 4년제

대학 졸업)은 특별히 잘하는 것 없이 대학을 막 졸업했고, 조용하고 소극적인 성격이다. 기업이나 공직 생활은 자신과 어울리지 않는다고 생각하며, 공상 과학 소설과 인디 게임을 좋아하지만 앞으로 어떻게 살아야 할지는 막막하다. 나는 선량하며 앙심이 없는 그에게 새로운 도전을 격려하고 싶은 마음이다. 새로운 시도를 하는 사람에게 발생하는 자책과 자기 의심은 자연스러운 것이지만 그게 이 덧없는 생에서 보다 독창적인 삶을 선사할 거라고.

굴뚝빵 투르둘르를 파는 골목은 인파로 붐볐다. 빵 굽는 냄새와 계피향이 피어오르는 거리에는 굴뚝빵집도 여러 개였다. 기념품 가게에선 마그네틱과 'I LOVE PRAHA'가 새겨진 티셔츠를 팔았고, 골목골목 미지로 향하는 샛길들이 잎줄기처럼 이어져 있었다. 그 길 끝에는 탁 트인 카를교가 나왔다. 다리를 건너 구도심으로 넘어가면 영문 서적을 전문으로 다루는 셰익스피어 북스토어가 하나 있었고, 나는 거기에서 각종 인물의 명언을 모아 담은 책을 꺼내 하루에 한 줄씩 읽곤 했다.

"Success is going from failure to failure with no loss of enthusiasm."

성공이란 실패에서 실패로 이어지면서도 열정을 잃지 않는 것이다 - W. 처칠

캄파 파크에는 요가하는 사람들의 다리가 하늘을 향해 구부러져 있고, 머리가 땅을 받으며 꽃봉오리처럼 천천히 다리꽃을 폈다. 지친 기색이 역력한 불독이 숨을 헐떡이며 코를 먹었고, 앙증맞은 강아지들은 폴짝폴짝 서로를 회전했다. 주변에선 장이 열리곤 했는데, 오늘은 체코 지방 각지의 포도주, 치즈 농가에서 나왔다. 시음해 본 포도주는 맛이 끝내줬다. 한편에는 치즈 농부들이 손수건만하게 편 썰린 납작 치즈, 케이크 모양의 조각 치즈, 한 판짜리 덩어리 치즈까지 각종 치즈를 진열해 놓고 있었다. 각 나라의 대사관도 보이고 어느 음악가가 머물렀다는 생가도 있었다. 그의 음악은 위대한데 그가 머물렀단 집은 솔직히 평범해 보였다. 그냥 또 하나의 오래된 집. 그가 아니었다면 그냥 지나갈 집이었으니 그는 음악은 물론 집까지 먹여 살렸다고 할 수 있었다.

2차 세계 대전 당시 나치에게 희생된 유대인을 기리는 조각상이 있는 작은 공원. 조각은 삐쩍 마른 사람들이 불

타 없어지며 땅으로 꺼지고 있는 모양새. 주변엔 벤치와 화단이 조성돼 있어서 나는 거기서 백 원도 안 하는 흐르들릭(현지에서 흔히 먹는 흰 막대기 빵)과 브레즈냐으로 허기를 채웠다. 눈앞에는 유럽식 빌라가 시시각각의 빛깔에 따라—모네였다면 매 순간 다르게 그렸을—분홍, 주홍, 레몬으로 탈바꿈했고, 트램은 시간표에 맞춰 주기적으로 지났다. 당시 전 세계적으로 선풍적인 인기를 끌던 곡이 있었다. 루이스 폰시와 대디 양키의 〈데스파시토(Despacito)〉. 어디를 가도 그 음악이 나왔고 〈데-스 빠씨또--〉 흥 많은 외국인들은 거리에서 나오는 그 노래를 따라 춤추고 노래 불렀다.

야나와 마샤는 프라하 문학관(Ústav pro českou literaturu)에서 만난 이들로 한국어를 할 줄 아는 체코 여성들이었다. 그중 야나는 한국에도 와 본 적이 있다고.

문학관을 발견하게 된 것은 들어가도 되는지 확실하지 않은 사적 공간의 분위기가 풍기는 샛길을 부러 새앙쥐처럼 찾아 들어가곤 하면서였다. 그러다 한 골목에서 예상치 못한 프라하 문학관을 만났고, 바다 파란색을 시그니처 컬

러로 사용하고 있는 문학관에는 앉아서 책을 보고 글도 쓸 수 있는 자리도 마련되어 있었다. 심지어 그곳에서는 한국어책도 볼 수 있었는데, 반대로 체코어로 번역된 소수의 국문학책도 있었다. 보물을 발견한 마음으로 충분히 앉아 있다가 가는데 데스크의 여인이 〈저 한국말 할 줄 알아요〉라고 해 깜짝 놀랐다. 지극히 이국적인 얼굴에서 기대치 않았던 현란한 한국말이 나온 것이다. 야나는 어여쁜 여인이었고, 데스크에 함께 앉아 있는 분은 야나의 어머니라고 해서 장모님 안녕하ㅅ

〈다음에 또 올게요!〉 알고 보니 야나는 한국인 남자 친구와 프라하에서 살고 있었으며, 남자 친구는 카를 대학교 치의학과 입학을 준비 중이라고 했다. 우리는 문학관 밖 공터에 서서 이야기를 나눴는데, 그때 야나에게 받은 인상은 그녀의 부서질 듯 취약한 정체성이 쨍하고 빛난단 것이다. 그녀는 슈퍼마리오 같은 데님 점프 수트에 흰 티셔츠를 입고 슬라브 미인의 마스크에 노란 머리칼을 가지고 있었지만, 그 커다란 초록색 눈에는 그녀 자신을 애써 붙잡고 있어서 손아귀를 놓으면 곧 무너져 버리고 말아 입고 있는 점프 수트만 덩그러니 남을 거라는 정체성의 위기 같은 것이 눈빛에 서려 있었다.

　마샤는 마찬가지 문학관에서 일하는 여인으로 빨간 머리에 역시 한국말을 할 줄 알았다. 원어민 수준의 야나 만큼은 아니었지만 마샤 또한 한국어를 공부하고 있었고, 또한 영어에서는 선생님을 할 만큼 언어에 재능이 있었다. 마샤는 내가 대학원 시절 공부한 주제가 〈머신 러닝〉이라고 할 때 러닝의 발음을 〈Learn, Learning. Not Running.〉이라며 고쳐줬다. 그전까지 나는 '로-닝'에 가까운 발음을 '뤄-닝'이라고 R로 발음하고 다녔던 것이다! 머신 뛰기!

　문학관에서 왕왕 마주친 마샤와 나는 나는 마샤에게 영어를, 마샤는 나에게 한국어를 배웠다. 어느 날 탕비실에서 만난 마샤는 입술에 어디선가 익숙하고 구수한 검은색 소스를 묻히고 있었고, 손에는 그것의 원인인 짜파게티 빈 컵을 들고 있었다. 그녀의 눈에는 조금 전 정말 맛있는 것을 먹었다는 흡족감이 장난스럽게 굴러다니고 있었다. 2010년대 중후반 그때도 한국의 위상은 유럽의 구석진 골목까지 누비고 다녔다고 할 수 있었다. 짜파게티의 위력이란.

　페이스북 계정도 주고받은 이 체코 여성들에게 한 가지

공통된 인상을 받은 게 있다. 한국과 문화가 확연히 다르다는 것이다. 어쩌면 당연한 소리일 수 있겠지만 서로를 눈앞에 마주하고 있을 땐 얼굴만 다르지 다 똑같은 사람으로 느껴진다. 하지만 SNS 계정에선 이들이 과연 얼마나 다르고 먼 정신적 세계에 살고 있는지를 대번에 깨닫게 된다.

야나의 프로필 사진은 어여쁘고 가냘픈 여성스러운 이미지가 아니라 후드티를 뒤집어쓰고 초록색 눈알을 부릅뜬 사진이었다. 그녀가 사용하는 이모지는 일본 만화를 좋아하는 유럽인이 그린 것 같은 그래픽으로, 필선이 두껍고 채색에는 명암이 없어서 영 우리나라에선 사용하지 않을 법했다. 약간 네이버 라인의 초기 스티커 버전 같달까.

마샤는 낯설게도 중세 시대 마니아인지 쇠가죽과 대검, 중세 시대의 독특한 의상들이 그녀의 계정을 꾸미고 있었다. 어라… 분명 영어 선생님이었는데. 중세 복장을 한 마샤는 길드가 운영하는 성내 주점에서 맥주를 마시며 전투에 참가하기 위해 고용인을 기다리는 용병 같았다. 또 어느 이미지에는 달밤에 울부짖는 검은 늑대도 있었다. 그리고 Č와 Ž가 가득한 체코어 포스트에는 마찬가지 체코어의 댓글이 달렸고.

프라하에서

아마도 마샤와 야나는 그런 이미지로 세상을 보고 있을 것이어서, 그런 출발점에서 보는 세계와 내가 한국인으로서 보는 세계가 얼마나 다를지 SNS로부터 그 차이가 실감 났다. 아직 아무 프로그램도 설치되지 않은 순정 버전일 때 우리는, 다시 말해 아기일 때 우리는 그렇게 다르진 않았을 것이다. 하지만 각국의 문화라는 중앙집권적 프로그램들이 하나둘씩 제 양식대로 앱을 설치해 놓으니 성년이 된 우리는 이렇게도 차이가 나 버렸다.

보통은 페이스북보단 인스타 계정을 주고받았다. 인스타도 마찬가지 지금 내 눈앞에 있는 사람이 다르게 보이게 해주는 매개체였다. 러시아 여성은 양식화된 구도의 늘씬한 사진, 거의 발가락에서 올려 찍은 프로필을 하나같이 가지고 있었고, 그것의 배경은 두바이 초고층 빌딩이나 파리의 센강 같은 멋들어진 곳이었다. 또 옆 포스트에서 그들은 분위기를 탈변해 스포츠복을 입고 산 정상에 올라 바위 위에 앉아 있었다. 미국인 남성은 헝클어진 머리칼에 자연스러운 옷차림, 더러운 가방을 메고 따봉을 날렸다. 미국 남성들은 항상 모험 중에 있는 것 같다. 유럽인들은 언제나 꾸밈없고 진솔한 활짝 웃고 있는 표정을 하고 있었고, 그들의 배경은 아드리아해 해변이거나 이탈리아 소도시 같은 멋진 해안 절벽이었다.

한 요르단 남성은 SNS는 없었고 지갑에서 사진 한 장을 보여줬다. 거기에는 스테레오타입으로 각인된 사막의 전사, 턱수염이 수북하고 모래색 전투복을 입고 있으며 허리춤에 AK47을 걸치고 있는 한 남자가 있었다. 나는 내 눈앞에 있는 남자, 머리도 짧고 옷도 특별히 눈에 띄지 않는 남자의 얼굴을 사진 속 남자의 얼굴과 좌클릭해 이동해 봤더니 일치했다! 영상 속에서나 봤던 그 사람들이 현실에선 이런 느낌이구나! 우리가 사용하는 이미지와 말은 눈에 보이지 않는 내면을 폭로하는 노출의 시스템이었고, 그것이 그 사람의 본질이라고 할 순 없지만 어느 부류의 사람이고 무엇을 보고 사는 사람인지를 알려줬다. 지금의 SNS부터 라스코 동굴의 황소 벽화까지 표현의 매체는 그런 성격을 지니고 있을 것이다.

블타바강에는 태양을 맞아 황금으로 물든 오리배가 떠다녔고 탑승객의 무릎은 바삐 움직였다. 투명 고무공에 들어간 사람들은 강 위에서 다리를 구르며, 강을 걷는 신비

체험을 과학적으로 실천했다. 부력은 나쁘지 않게 그들에게 전진성을 줬고, 공 안의 사람들은 강 반대편까지도 건너갈 기세였다. 또한, 황금으로 물든 국립극장은 예쁘기도 하여 청록색 원형 돔은 여기가 유럽임을 만천하에 알렸다. 덥다. 숙소로 돌아갔다. 이제는 칠십일 정도 됐기에 집에 돌아가고 싶다는 생각이 들었다. 한국말이 그립고, 한국말 간판도 그립다. 남대문 시장의 더럽고 복잡한 거리가 떠올랐다.

다빗은 내가 알려준 김광석 노래를 매일 틀어놨다. 〈인쿄, 이 부분, 이 부분을 들어봐. 이건 정말 아름다운 곡이야!〉 "일어나~ 일어나~ 다시 한번 해 보는 거야~ …… 집 떠나와 열-차 타고 훈련소로 가는 날- …… 모든- 것이 그-립다. 이제 다시 시작이다- 젊은 날의 생이여." 또 나는 그에게 전인권도 알려줬고, 다빗은 전인권의 호랑이 창법에는 거의 광분할 정도였다. "그것만이- 내- 세상-!"

다빗은 호스텔 매니저로 일하고 받은 얼마의 돈으로 가끔 늦은 저녁 케밥을 먹으러 가자고 했다. 그는 자신이 알고 있는 임페리얼 카페 옆 한 케밥집으로 데려갔다. 다빗은 케밥 플레이트를, 나는 우리가 흔히 케밥이라 알고 있는 돌돌 말린 토르티야 케밥을 주문했다. 체코어로 주문하는 다빗은 체코어도 유창하다.

한번은 기가 막힌 케밥을 먹여주겠다며 또 느지막한 밤에 트램을 타고 주택가로 나갔다. 내 미천한 입맛에는 맛의 차이를 크게 몰랐지만, 당시의 정취는 대단했다. 유일하게 불 켜진 케밥집과 마트가 나란히 붙어 있는 한산한 주택가. 하루를 정리하는 소수의 사람만이 홀쭉하게 거리를 지나더니 그림자 속으로 금방 사라졌다. 반면 그리스풍의 케밥집 내부는 대낮의 산토리니처럼 훤했다. 가벼운 멜라민 접시에 담겨 나온 케밥 플레이트에는 흰 요거트 소스가 잔뜩 뿌려져 있고, 짭짤한 감자튀김도 듬뿍이다. 다빗은 거기에 칠리소스를 더해 먹었다. 내가 받은 토르티야 케밥은 랩이 뚱뚱하게 말려 있고 무게도 제법 무겁다. 한입 베어 물면 각종 채소와 찢어 놓은 고기, 쿰쿰한 홀그레인 겨자 소스와 쌉쌀한 요거트의 풍미가 한껏 뿜어져 나왔다.

내 여행은 독일 베를린이나 폴란드 크라쿠프에 가보자는 처음의 계획과 달리 다른 도시를 향하지 못하고 프라하에서 시작해 프라하에서 끝나고 있었다. 국가를 넘어가면서 사용해야 했을 교통비는 대신 카를린 뷔페에서 쌀밥을 먹고, 한식당 마미에서 제육볶음을 먹는 데에 쓰였다. 베트남인 요리사들로 보였던 한식당 마미의 제육볶음은 내 입에 잘 맞았다. 과음한 다음 날 제육볶음으로 해장하는 것은 하나의 즐거움이었다. 나는 그것을 위해 기꺼이 돈을 모았다. 체코산 돼지와 베트남인 손맛으로 조리된 제육볶음은 한국 맛이면서도 묘하게 달랐다.

다빗, 조지아에서 온 조지아나, 인도인 슈샤밋과 선상주점에 간 날 역시 느지막한 저녁이었다. 우리는 보석과 불빛으로 반짝이는 프라하 도심을 통과해 매우 시끌벅적한 보트까지 걸었다. 배는 거의 꽉 차 있었고 불빛이 없는 것은 오히려 운치를 더했다. 물살에 들썩이는 배에서 우리는 이런저런 얘기를 나눴는데 무슨 말을 했던진 잘 기억나진 않는다. 나는 들큰하게 취해버렸다. 부모님이 인도 경찰 간부에 런던에서 공부하고 있는 슈샤밋은 아는 것도 많고 다소 철학적이다. 그는 나에게 인생에 관해 묻는다. 나는 뭐 30대가 할 정도의 얘기를 나눈다. 강바람이 시원하게 더위를 식히고 맥주를 사기 위해 여기저기서 동전 구르는 소리가 들렸다. 내 머리도 강바람에 휜히 들렸다.

2차는 필스너 우르켈 간판이 달린 펍의 야외 테이블. 조지아나가 환대를 의미하는 호스피탈리티(Hospitality)와 적대를 의미하는 호스탈리티(Hostility)를 혼동하지 말라고 조언한다. 나와 슈샤밋은 숙소로 돌아와 호스텔 주방에서 인생 얘기로 밤을 지새웠다. 슈샤밋은 진지하게 〈마 프렌, 마 프렌. 아 윌 기브 유 프레젠뜨.〉라더니 방으로 가서 책 한 권을 가져왔다. 영어로 쓴 자기계발서이면서 영성 지도자가 쓴 풍의 인생 지침서였다.

슈샤밋은 자신이 이번 여행 동안 읽고 있는 이 책을 선물로 주겠다고 했다. 〈여기엔 인생에 관한 모든 지혜가 담겨 있어!〉 나는 분명 그 책을 챙겼는데 잃어버리고 말았다. 창문 너머로 아침을 알리는 푸른 동이 트고 있었고, 우리는 그만 각자의 방으로 헤어졌다. 인생철학과 삶의 지혜를 튼실한 포도송이만큼 풍성하게 이야기 나눴는데 이상하게 기억나는 것이 없다. 지혜라면 항상 그렇게 그때에만 눈에 띄고 쉽게 투명해지고 마는 것일까.

다빗은 내가 쓴 글을 제대로 읽어 보지도 않고도 〈너는 최고의 작가가 될 거야. 네가 쓴 글은 전 세계에 알려지고, 너는 유명 인사가 되고, 내가 너와 이렇게 호스텔에서 한방을 묵었다는 건 큰 영광이 될 거야.〉라며 밑도 끝도 없는 응원을 해줬다. 다빗이 그런 믿음 보여주기 전까지 나는 믿음이란 어떤 근거에 의거해 발생하는 의사 판단이라고 봤다. 투자사가 이제 막 시작한 스타트업의 될성부른 잎을 보고 미래에 잘될 거란 믿음 아래 막대한 투자를 하듯 말이다. 하지만 다빗은 그것과 다른 부류의 믿음을 보여줬다. 그는 내가 작가로 성공하고 말 거라는 얼토당토않은 믿음을 강하여 내보였는데, 그것은 마치 그렇게 믿음으로써 무에서 유를 창조하고자 하는 창조적 믿음 같은 것이었다. 〈걱정 마, 친구. 너는 전 세계에서 베스트 라이터가 될 거니까!〉 나 스스로 어떻게 생각하는지가 보다 중요한 나는 그에 대해 고맙기는 하지만 실질적인 도움이 된다고 믿지는 않았다. 그러나 다빗은 '아, 우정이란 이런 거구나.' 하는 깨달음은 줬다. 누군가 나를 나보다 더 믿어주는 타자의 존재를 말이다. 나는 그전까지 그런 것을 들은 적도, 본 적도 없었다.

다빗이 한국에서 외국인이 취업을 하는 건 어떻냐고 물었을 때 나는 옆 나라 일본을 추천해 줬다. 한국의 고용시장은 당시 상당히 불경기였고, 자리를 잡기 쉽지 않은 반면 일본은 비교적 상황이 낫다고. 다빗은 내심 나와 한국에서

지내는 걸 바라고 그렇게 물은 것 같았다. 하지만 나는 냉정하게도 한국에서 혼자 있으면서 내 일에 전념하고 싶었고, 다빗이 내게 보인 우정과 정반대로 나는 이기적이고 나에게 무엇이 이득이 되는지를 따졌다. 밴댕이 소갈딱지는 지금도 크게 변한 건 없지 않나 싶다.

프라하의 분수대에선 포세이돈이 삼지창을 들고 근엄하게 분수대 주변을 내려다보고 있었다. 걸인들이 포세이돈 주변에서 그들의 막걸리를 두고 횡설수설했다. 느릿한 몸동작과 어수선한 치아 배열, 지저분한 옷차림은 우리나라와 크게 다르지 않아 보였다. 어느 사회에서도 안타까운 걸인이 있다는 사실은 이토록 멋진 프라하마저도 실상은 만병통치약이 되지 못하고, 내가 미처 파악하지 못한 그들의 속사정에서 우리와 다르지 않은 실패의 독약이 충분히 도사리고 있음을 나타냈다. 환상을 걷어내고 실질적 분석을 한다면 독약 성분에서 서울과 다르지 않은 물질을 발견할 수도 있을지 모른다. 절망이라든가 우울 같은.

록시(Roxy)는 프라하 시내의 유명 클럽으로 중부 유럽에서도 알아주는 밤 문화 장소라고 했다. 록시에는 외향적인 서양인 전부가 모인다고 해도 과언이 아녔고, 그들은 여기를 오기 위해 프라하를 온다고 해도 거짓말이 아녔다. 나도 한번 록시를 들린 적이 있었는데, 그날은 스페인에서 온 올모스를 중심으로 각지 각국의 사람들을 대동해 단체로 술을 마시러 나간 날이었다. 유럽인들 사이에서 나는 체구가 작았지만 긍정적으로 보면 나는 보디가드들이 많았다ㅠ

말총머리를 질끈 묶은 올모스는 건장한 체격에 이종격투기 선수 같은 강인한 외모였고, 여타 다른 친구들도 프랑스, 폴란드, 파키스탄 등지에서 왔으니 만일 시비가 붙어도 상대방 국적의 언어를 사용함으로써 화해를 시도할 외교관 하나씩을 갖췄다고 할 수 있었다. 나는 웬만해선 무리를 지어 다니거나 시끄러운 주점, 또는 번잡한 클럽에 갈 만한 깜냥이 되지 못하지만, 그날은 어인 일인지 한쪽에서 밀려 들어오는 거센 파도의 분위기에 엉겁결에 나가게 됐다.

〈너도 가야지!〉

〈나…? 가, 가야지! 가자!〉

외국인들은 보통 숙소에서 먼저 술을 양껏 마시고 나가

는 편이다. 밖에 가면 취하기엔 너무 비싸니 숙소에서 먼저 한껏 취하는 것이다. 그래서 심플리 주방에선 각자가 제일 취하기 좋아하는 주종이 전시되곤 했다. 네덜란드에서 온 야나(동명이인)는 예거마이스터에 레몬즙을 짜 넣은 칵테일만 마신다고 했다. 그녀는 그것을 병에 담아 밖에서도 레몬 마이스터만 마셨다. 누구는 맥주를, 누구는 보드카를 마셨다. 그들은 정식 출정을 하기 전 매우 들뜨고 흥분돼 보였다.

록시 주변에는 다양하고 다채로운 주점들이 정말 많았고, 우리는 아무 곳에나 들어가 단체가 들어갈 자리가 있는지 보았다. 〈여! 다들! 여기 자리 있대! 다 들어와!〉 마호가니 테이블에 어두운 조도, 19세기 선상 주점인 듯한 주점의 분위기는 전체적으로 홍갈색이었다. 주점은 반으로 나뉘어 우리 옆에는 총각 파티를 하러 온 영국인 단체가 있었고, 테라스 쪽에는 여성 예술가들이 앉아 드로잉하고 시를 짓고 있었다. 거짓말이 아니다. 그들은 이 왁자지껄 속에서 그림과 시를 창작해 냈다. 와우. 프랑스인 테오는 수학자로 그 범생이도 유럽인인지라 이런 자리에 나보다 부담을 갖지 않는 듯 보였다. 한국 분도 한 분 계셨는데, 그분은 예술대학교 출신의 미술가로 그녀 역시 부서질 듯 취약한 정체성의 부류였다. 그녀는 올모스를 위시한 여러 남자 외국인들이 같이 나가서 마시자고 했을 때 계속 거부했지만, 한국인인 내가 가기로 하면서 함께 나오시게 됐다. 〈오오-! 서프라이즈!〉 올모스는 기쁨으로 포효했다.

총각 파티팀이 영국의 뱃사람 노래 같은 것을 부르자 우리 일행도 따라 불렀다. 영국인들이 건배를 권하자 우리는 한 팀이 됐다. 우리 일행들은 매우 자연스럽고 즉흥적으로 그들과 하나가 됐다. 당연히 시를 짓고 드로잉 하는 예술가들과도 말을 섞었다. 그것은 쭈뼛대다가 말할 타이밍을 찾아 딱 정해 말을 거는 게 아니고, 마치 원래 같이 온 친구였다는 듯 자연스럽게 다가갔다.

우리의 대화는 어떻게 하다 보니 약물로 집중됐다. 한국인으로서 나는 사실 그 모습에 조금 거부감이 들었지만 어쨌든 예술가들이 창작하는 모습에 자극받아 〈약을 하고서 뭔가 창작을 하면 굉장한 걸 만들 수 있다〉고 폴란드인 야코프가 주제를 꺼냈기 때문이었다. 웬일인지 일행들 모두 약물에 일가견이 있었다. 야코프는 LSD, 헴프, 엑스터시, 또 내가 알지 못하는 여러 약물의 이름을 대며 각종 약물의 서로 다른 양상의 효능을 설명했다. 어떤 것은 24시간 내내 환상적인 글을 쓸 수 있다고도 했다.

나는 결코 그렇게 생각하지 않지만 곰브로비치와 동일 선상으로 치부받는 폴란드 3대 모더니스트 작가 중 하나로 알려진 이그나찌 비트키에비치는 창작에 약물을 사용했다는 것으로 잘 알려져 있다. 그가 그린 약물 상태에서의 초상화는 인스타에서도 보일 정도로 유명하다. 하지만 나는 그의 글에서는 '내가 어떤 사람이다, 라는 것을 보여주기 위한 감정'이 문장력을 크게 앞서 있는 것을 보았고, 결국 그런 돌발적인 구조가 만든 결과인 허위 감정과 인위적 과장은 내가 그 책을 쓰레기통에 넣어 버리게 했다. 그는 신기루 같은 것을 쓰고 있었고, 그 현란한 환각의 화학 구름이 꺼지고 나면 그가 그간 기록했던 것의 가치는 우발적인 사고 회로와 제정신으론 웬만해서 그 보법을 따를 수 없는 비현실성밖에 없었고, 굳이 그것을 읽는 데 시간을 쓸 필요가 없다고 판단해서였다. 비트키에비치 외에 나는 유명하고 성과를 공공연히 인정받지만 자살로써 생을 마감한 사람들의 글에서 보는 공통되는 하나의 특징이 있는 데 그것은 '숲을 보지 못한다'였다. 거기선 세부에 너무 매몰돼 그

작은 영역에서 천년만년 살고 있는 갇혀버린 생을 볼 수 있다. 왜 그 세부를 전개해 나가야 하는지 스스로 묻지 못하고, 보다 넓은 생의 관점에서 내가 왜 이걸 하는지 묻지 못한다.

야코프의 약물 창작에서 나는 그의 글이 별 볼 일 없을 거라 예상했다. 야코프는 보기 드물게 명민하고 머리가 대단히 약삭빨랐지만, 약물을 사용해 별난 결과를 얻으려는 그의 사행심에서 그만한 결과는 없을 것으로 봤다. 그렇다고 그를 싫어한 건 아니다. 당연히 틀린 건 내 쪽일 수 있었다. 다만 그는 내가 보는 방향성에서는 많이 벗어나 있었다. 야코프의 입에선 날카로운 형광등 조명이 죽 찢어졌고, 그 예리한 입가에는 야망의 기름기가 번지르르하게 빛났다.

우리 일행들은 자리를 털고 일어나 록시로 갔다. 록시는 스테이지에서 스테이지로 가늘게 연결된 개미굴 식의 클럽이었다. 스테이지 마다는 컨셉과 분위기, 음악이 제각각 달라서 취향에 따라 놀면 됐다. 락밴드 공연장 같은 중심의 대형 스테이지에는 대중적인 린킨 파크 노래가 팡팡 터지고 있었다. 바텐더에게 술 한잔을 사고 나서 벽 쪽에 붙어 사람들을 구경했다. 나는 클럽에 와 본 적이 한 번밖에 없었고 춤을 출 줄도 몰랐다. 보라색과 초록색 광선이 누비는 수증기 안개 속에서 DJ가 디제잉 디스크를 끽끽 연주했다. 사람들은 저마다 린킨 파크의 구절을 따라 부르며 손에 들고 있는 맥주잔을 뻗었다. 그리고 펄쩍펄쩍 뛰는 구간. 나는 좀처럼 어울리지 못했고 다른 스테이지로 가봤다. 진지하게 있을 수만은 없었기에 (그렇다면 테러리스트로 낙인찍힐지도 몰랐다) 활짝 핀 밝은 미소를 3M 본드로 얼굴에 접착해 새로운 굴들을 탐구했다. 이어진 스테이지는 이글루 속 클럽 같은 모습으로 벽에 바른 은색 용액에 형광색 광선들이 그어졌다. 그다음 스테이지는 19세기 유럽 무대 같은 곳으로 사설탐정이 조사차 방문했을 매음굴 같았다. 매음굴이라, 음. 그렇단 말이지, 매음굴…….

분명 일행 모두와 같이 입장했는데 다 어디 가고 없었다. 나는 남은 스테이지들을 둘러보지도 않고 나와 호스텔로 돌아갔다. 다음 날 아침 어제의 록시를 다시 찾았다. 지난밤의 열기는 황색 신문에서 게재됐던 거짓 선전처럼 거리의 내용은 실재와 전혀 맞지 않았다. 황량한 거리에는 구겨진 신문지만 굴러다녔고, 보도블록에 진득하게 남은 떨어뜨린 술 자국이 어제의 자취를 살짝 보이긴 했지만, 핵융합발전소처럼 뜨겁게 방사열을 뿜어냈던 사람들이 눈 녹듯 사라지고 없으니 지난 밤의 열기는 그저 거짓말 같았다. 메마르고 건조한 냉기에 장악된 거리에서 유대인 예배당의 종이 울렸다. 어제 그들 중 일부는 아침에 얼굴이 보이지 않는 몇몇 심플리 일행처럼 하룻밤 사랑을 나누고 아직 파트너와 함께 한 침대에 누워 있을 것이었다. 나란히 누워 있을 사람들 사이로 떨어질 햇살을 떠올려 봤다.

폴리나는 러시아 여성으로 내가 만난 러시아인 중 영어를 가장 잘했다. 악센트에서 간간이 지울 수 없는 러시아 억양이 묻어나긴 했지만, 거의 네이티브 수준의 영어를 구사했다. 폴리나는 러시아 엘리트로 보였고 UN이나 국제협력단체에서 근무하는 모습이 잘 어울렸다. 폴리나는 당연히 지식이 많았고 종종 현자 같은 지혜로운 말들을 꺼냈는데, 그것이 경험에서 직접 깨친 것인지 텍스트로 습득한 것인지는 확실하지 않았다. 〈알지? 삶에 실패란 없는 법이야. 모든 건 배움의 기회가 되는 거야. 너도 이해하지?〉

폴리나는 카를교 근처에서 보물을 발견했다며 나에게

그곳을 소개해 주겠다고 했다. 그녀가 데리고 간 곳은 정말 그럴 만한 곳이었는데, 카를교 초입에 숨어있는 콜로레도 궁전(Colloredo-Mansfeldský palác)은 매우 오래된 궁전으로 관리가 잘되지 않아 오히려 약간 허름한 매력을 갖고 있었고, 미술품을 전시하는 갤러리 공간도 있어서 미술품을 구경하는 것도 가능했다. 또 거기에선 카를교 풍경을 궁전 창유리로 내려다볼 수도 있었는데, 옛 프라하의 귀족들이 그렇게 바라봤을 시선에서 보고 있자면 내 국내산 티셔츠도 궁정복으로 바뀌는 듯했다.

거기엔 이런 설치 미술품이 있었다. 액자 안 사진에선 한 여자가 나무판에 못을 두고 서 있다. 그리고 사진 앞으로 실물 망치가 놓여 있다. 망치로는 당연히 사진 안의 못을 박을 수 없다. 하지만 나의 인식은 다른 차원에 있는 두 사물을 연결해 보고 있었다. 망치로 못을 박는 작업을 말이다. 실재와 추상의 좁힐 수 없는 간극을 구별하지 못하고 그것을 연결해 보는 우리의 인식을 지적하는 작품이었다.

책에서도 마찬가지의 오류가 빈번히 일어나곤 한다. 책은 추상이고 이미 지나간 것이자 실재를 모사한 가상의 작품이지만 분명히 실재는 아닌 것이다. 책에서 이상적인 상황을 만나고 그것을 학습한다고 해도, 책은 현실의 문제를 해결해 주진 못한다. 가능한 건 오직 책에서 힌트를 얻고 현실에 그것을 적극적으로 반영할 기회를 얻는 것뿐이다. 노력이 없다면 책을 읽는다고 현실이 변하진 않는다. 결국 현실의 문제에는 현실적인 대처가 필요한 법이다. 이러한 실재와 추상의 간극은 책이 인생을 사는 데 별 도움이 되지 않는다고도 말하게 한다. 그렇다. 실제적인 노력이 부재하면 결국 책은 아무것도 아닐 수밖에 없다.

콜로레도 궁의 하이라이트는 볼룸(Ballroom)이었다. 볼룸이란 춤을 추는 격식 있는 무도회장을 뜻한다고 한다. 나는 그런 게 존재하는지도 몰랐고, 볼룸이란 이름도 처음 들어봤다. 하지만 볼룸에 입장한 순간은 굉장히 경이로웠다. 웅장한 실내는 붉은빛이 도는 원석의 자연무늬로 높은 벽을 뒤덮고 있었고, 세상에서 제일 클 것 같은 (물론 나에게만) 샹들리에가 떡하니 추락하지 않고 천장에 매달려 있었다. 어떻게 저 무게를 견디고 있는 걸까? 천장 벽화에는 어마어마하게 화려한 그림이 그려져 있었으며, 커튼은 바위처럼 무겁고 두꺼우며 내가 다섯 명은 있어야 할 정도로 높이가 높았다. 그것의 빛깔은 각도에 따라 은은하게 자색과 녹색을 띠는 크림색으로 한눈에 봐도 흔히 볼 수 없는 최고급 제품이었다.

모든 소재가 크고, 넓고, 값비싼 볼룸은 시간이 지남에 따라 용도 폐기되어 그저 몇 사람 들어와 그 잔재를 관람하는 구경거리로 남아 있었다. 보헤미안 왕국의 귀족 남작들이 이 볼룸에서 바흐의 음악에 따라 켄 로치 영화에서 볼 법한 그런 춤을 리듬 있게 췄을까? 구불구불한 헤어스타일과 니삭스처럼 딱 맞는 신발을 신고 있을 그 시절 법무관이 떠올렸다. 샹들리에에 꽂힌 백 개의 초에서 촛농이 떨어졌을 설립 당시에는 얼마나 압도적이었을지 그때가 궁금하기도 했다. 폴리나도 꽤 놀라는 눈치로 그녀는 내 사진을 찍어주기도, 벽의 문양을 분석적으로 바라보기도 했다. 콜로레도 궁전은 카를교 직전 사잇길에 바로 붙어 있으니 프라하를 방문하는 모든 이에게 추천해 본다.

하루 그녀와 돌아다니면서 알게 된 폴리나는 여성으로서 정체성의 혼란을 겪고 있어 보였다. 그녀는 지식인으로 잘 성장했기 때문에 나는 냉전 시대에 영국에서 활동하던 KGB 첩보 요원 같은 것을 자연스레 떠올려 봤다. 영어에 능숙하고, 국제 정세에도 밝으며, 어떻게 행동하고 말해야 자신이 유럽의 편인지 잘 알고 있으나, 깊은 속내에는 KGB 마이크로프로세서 칩을 달고 있어서 기어코 정보를 수집해내는 그런 역할을. 폴리나는 그 시절이라면 충분히 그럴 만한 능력을 갖추고 있었다. 하지만 지능의 영역을 차치하고 인간적으로 폴리나는 C.G. 융의 집단 무의식이라 할만한 것에서 혼란을 겪는 듯싶었다.

대부분의 러시아 여인은 앞서 말했듯 늘씬하고 모델 같은 사진 하나씩은 갖고 있었다. 그녀들은 여성이 지향해야 할 이상적인 육체의 이미지도 견고했고, 그런 상징적인 여성성을 적극적으로 개진하는 편이기도 했다. 폴리나도 거기서 자유로울 수 없는지 그것을 자신에게 발현했는데(아니면 집단 무의식에 의해 발현을 강요받았는데), 하지만 그것이 나타나는 그녀의 육신과 지식인으로서의 분위기는 정말이지 영 어울리지 않았다. 약간 만년 공무원이 고혹적인 여성의 자태를 뽐낸다고 해야 할까. 에어로빅이나 발레를 하는 모습도 그녀의 SNS에 자주 올렸고, 동시에 특정한 정치적 견해를 설파하는 브이로그도 올렸다. 그것은 쇠밥과 쌀알처럼 한 숟가락에 동시에 넘길 수 없는 것들이었다. 또한 폴리나는 포스팅도 너무 많이 올려서, 양적 팽창하는 그 이질적인 포스팅에 그녀의 계정을 끊어버렸다는 것을 여기서 고백해야겠다. 미안하지만 새로 올라오는 포스팅 대부분이 한 사람이어서 어쩔 수 없었다.

프라하 도심 구석구석, 골목골목, 시계탑부터 구도심 광장까지 나는 이제 그곳이 내 집같이 편했고, 아치형 회랑을 넘나다니는 것도 특별한 경험이 되지 않았다. 하지만 이제 모든 길을 다 안다고 생각하는 내 오만은 켜켜이 역사가 쌓인 프라하가 보기 좋게 깨주곤 했다. 80일을 다녔는데도 여전했다. 어느 골목길에는 천장이 머리 바로 위에 붙어 있는 한없이 낮은 건물이 나오기도 했고, 어느 교회 옆에는 순수이론 연구소의 작은 도서관이 등장해 거기서 진귀한 책들을 보기도 했다. 밤 골목의 저 압생트 전문 가게, 형광색으로 발광하는 저 술집은 낮에 본 적이 있던가? 이렇듯 사실상 프라하를 다 알기란 불가능했고, 들어가 본 레스토랑보다 들어가 보지 못한 레스토랑이 압도적으로 많았다. 은행 건물에는 사자와 천사의 조각상이 세워져 있었다. 그곳의 중정은 방탄유리로 방어돼 있고, 그 안의 초록 식물은 방탄유리를 뚫고 온 햇살을 받아 잘도 자랐다. 프라하는 이토록 무궁무진했다.

비셰흐라드(Vyšehrad)는 원통을 비튼 것 같은 형태의 댄싱 프라하를 넘어 프라하 남단에 있는 오래된 성이다. 높은 언덕 비탈 위에 우뚝 솟은 두 개의 첨탑은 성 바오로 성당으로 남쪽 지역의 랜드마크라고 할 수 있었다. 비셰흐라드는 고성이면서 동시에 이 고지대의 지역을 통칭하는 명칭이었는데, 프라하에서 사람이 처음 살기 시작했던 장소라는 전설이 내려오는 곳이기도 했다. 비지트 체키아(Visit Czechia)의 정보를 인용하면 다음과 같다.

「비셰흐라드는 체코의 역사를 기념하는 장소입니다. 체코 민족만큼이나 오래된 전설과 신화가 넘쳐나는 곳이자 체코의 역사가 고스란히 담긴 기억의 현장이며, 신화적인 존재인 프르제미슬(Přemysl) 왕자의 거주지였고, 체코의 저명한 예술가들이 잠든 체코의 국가의 상징적인 장소 중 한 곳입니다. 블타바(Vltava) 강이 내려다보이는 높은 암벽 위, 우뚝 솟은 비셰흐라드는 광대하고 또 신비롭습니다. 신화 속의 비셰흐라드는 가느다란 탑들과 그 비밀스러운 실루엣이 인상적인 프라하 남쪽의 역사 지구입니다.」- Visitczechia.com

 이와 같이 실제 보헤미안 왕족들이 살던 터전이라고도 한다. 외세의 침략 또는 내란을 방어하기 위해 급히 깎아지른 언덕에 성을 세운 건 지극히 합리적인 전략이었다. 중세시대 배경의 게임 발더스 게이트에서 그들의 성은 물길로 둘러싸여 있었는데, 그것만 빼고는 딱 그 성과 같았던 게 비셰흐라드였다. 성벽은 높기도 높아서 과연 전쟁 중에 긴 사다리를 대고 침략하는 게 가능했나 싶었다. 사다리를 밀어 떨어뜨리기도 쉬워 보였고, 못 밀었다고 해도 올라오는 것에 시간이 오래 걸려 그 시간이면 누구든 다시 사다리를 밀어낼 수 있을 것 같았다.

 언덕을 오르면 공동묘지가 나왔다. 이곳엔 드보르냑(Antonín Dvořák), 스메타나(Bedřich Smetana) 등 체코의 전설과도 같은 인물의 시신이 영치돼 있다고 한다. 하지만 나는 그보다 전설이 아닌 사람들에게 관심이 갔다. 공동묘지에는 그만의 특유한 분위기가 있다. 묘비에 새겨진 저 놀라운 업적과 명예를 등지고 당사자는 땅에 묻혀 영면에 들었다는 사실. 그 사실은 내가 살아생전 꿈꾸고 노리는 성과가 다 무슨 의미가 있느냐고 묻는 것 같았다. 야네크(1897-1964)는 시네마토그래퍼로 한때 영화판을 주름잡았다고 한다. 하지만 어쩌나 이제는 땅으로 돌아가셨다. 마가리타(1923-2006)는 국립 프라하 의료원의 수석 간호사로 아픈 이들을 돌보는 놀라운 선행을 보였지만 다시 땅으로 돌아가 조용히 잠들어계셨다. 작가, 음악가, 사업가 등 거기서 찾을 수 없는 직업은 컴퓨터 프로그래머 빼고는 아무것도 없었다. 우리가 언젠가 반드시 죽을 거란 진리가 떡하니 보란 듯 있으니 나는 무엇을 해야 하고, 어떻게 살아야 할지 물어보게 하는 특유의 분위기가 묘지에는 감돌았다.

백옥 같은 도자기 피부의 어여쁜 여인이 한 묘비 앞을 서성였다. 나는 그녀를 따라 미음 자로 묘지를 돌았다. 그녀는 어느 다른 여인의 손을 쥐더니 깍지를 꼈다. 묘지의 연인들은 더욱 꽉 움켜쥔 손에서 살아있는 동안 사랑하자고 얘기를 나누는 듯싶었다.

　망자의 생몰 연도와 살아생전의 영광을 읽는 건 옛 지도의 사라진 도시를 보는 기분이었다. 그 땅은 남아 있지만 도시는 더이상 남아 있지 않고, 사람들이 그것을 그런 이름으로 불렀다는 흔적만이 거기에 남아있다. 나 역시 앞으로 사라질 도시 중 하나였고, 아마도 남는다면 내 인생 최고의 업적이 '--했음' 정도의 간단한 문구로 묘비를 장식할 것이었다. '--했음'을 위하여 살고 싶지 않은 인생으로 아프고, 어지럽고, 복잡하고, 무거워졌다면 나는 그것에서 과감히 탈피하는 게 낫겠다고 생각했다. 망자들 사이에서 '강남부자였음(1959-2016)'과 '안분지족했음(1959-2016)'의 차이를 나는 잘 모르겠었다. '죽을 둥 살 둥 해 굴지의 기업을 일굼'과 '도시를 벗어나 자연에서 조용히 지냄'의 차이를 나는 잘 모르겠었다. 그 모두가 나무뿌리로 하나로 엮인 지금에 어떤 차이가 있는지를. 당신은 어떻게 생각하는가……?

　성 바오로 성당은 입장료가 있어 들어가지 못했다. 나는 대신 다소 휑하고 엉성하게 잡초가 깔린 고원의 넓은 대지를 둘러봤다. 깎아지른 절벽에 수직으로 쌓아놓은 성벽에서는 그에 상응하는 낭떠러지를 벼랑 끝에서 내려다볼 수 있었다. 낡고 바라고 부서진 망루는 잡초로 뒤덮였다. 과거 비셰흐라드를 지켰을 그곳은 쓰이지 않은 지도 오래돼 보였다. 어떻게 넘어간 것인지 서양인 둘은 망루 밑에 앉아서 벼랑을 관람하고 있다. 스포츠화에 스포츠 양말을 신은 저들은 무섭지도 않은가 보다.

블타바강에는 배를 탄 사람들과 웨이킹 보드를 타는 사람들이 갑판에 올라 노를 젓고 있었다. 알록달록한 사람들이 크기는 새끼손톱만 했지만, 그 모든 것의 색채는 선명하기 그지없었다. 블타바강은 고체의 물결처럼 보여서 빠져도 안전하게 일어나 걸어 나올 수 있을 것 같았다. 모든 것이 평화롭고 안전해 보였다. 도로에는 슈코타 차들이 지나다녔고, 나는 북쪽의 프라하성에서 남쪽의 지평선 끝까지 시선을 천천히 이어서 봤다. 이제 나의 프라하 여행은 끝나고 있었다. 한국으로 돌아갈 시간이었다. 약 90일간의 체류를 마치고 정들었던 프라하와 안녕이었다.

다빗이 귀국을 위해 짐을 싸는 나를 두고 잠깐 기다리라고 했다. 〈앉아 봐, 인쿄. 이게 나의 인사법이야. 파이브 세컨즈.〉 우리는 우리의 친숙한 도미토리룸 의자에 앉았다. 다빗은 5초간 아무 말 하지 않고 나를 쳐다봤다. 나도 다빗을 봤다. 침묵이란 소스가 발린 그의 눈빛에는 만감이 교차했다. 나 또한 마찬가지였다. 우리는 속으로 숫자를 셌다. 〈쓰리…… 투…… 원……! 오케이!〉 나는 일어나 프라하를 떠났다. 〈굿 바이 마이 프렌드, 인쿄!〉 다빗은 나를 마중 나왔고, 나는 다빗과 심플리 호스텔에서 돌아섰다. 안녕, 다빗! 안녕, 안드레이! 안녕, 벨리나! 안녕, 나의 프라하! 내 프라하 묘비에는 '프라하 갔다 왔음'이라 적어 줘! 안녕, 여름! 안녕, 광장! 안녕, 골목길들! 안녕, 캄파 파크! 살아서 다시 만나자!

비행기는 용케도 나를 무사히 한국에 떨어뜨려 줬고, 새하얗고 넓은 인천 공항에서 나는 한국에 돌아온 것을 체감했다. 집으로 돌아갔다. 이제 남은 것은 프라하에서 배운 것을 한국에 적용할 수 없다는 괴로움뿐이었다. 그들의 말이 맞았고, 내 말이 틀렸다는 걸 깨닫는 시간. 헛된 환상은 내 쪽이란 걸 깨닫는 구체적인 시간이었다.

한국에서

체중계에 올라서 보니 몸무게가 4킬로나 빠졌다. 먹는다고 먹었는데 역대 최저치였다. 내가 데려온 친구가 하나 있었는데 그것은 프라하산 위궤양이었다. 프라하에서 내내 따라붙던 위궤양은 한국에 돌아오니 며칠 한반도 땅을 구경하다가 고국으로 돌연 사라졌다. 나중에 내시경 검사를 받았을 때 의사 선생님은 위에 난 구멍 자국을 보여줬다. 헬리코박터균이 있다고 해서 항생제를 투여받았다.

한국에서 사람들은 돈과 자격증, 안정적인 직업만을 좇고 있는 것으로 보였고, 프라하에서 형성한 비전과 생활 양식은 도서관의 다른 사람들과 꽤 위화감이 들었다. 사람의 관계에선 상대가 말하지 않아도 그가 가진 가치관에 따라 내 가치관이 조율되는 신비가 있는데, 나는 다른 가치관을 가진 사람들 사이에서 내 것을 고수하기가 무척 어렵고 까다로웠다. 아무도 반대하지는 않았지만 다만 아무도 관심 없었다. 글을 읽는다, 독서를 한다, 무언가 진지하게 탐독한다는 가치는 별로 공유되지 않았다. 그것은 내가 공허를 향해 달려가고 있음을 뜻했고, 결국 결과를 내도 제대로 봐줄 이가 없음을 뜻했다. 물론, 문학계나 출판계는 존재했다. 여기서 말하는 대상은 실제 눈으로 보고 만나는 일반 사람들이다.

개인적으로 가정은 경제적 난관에도 봉착해 있었다. 장남인 나는 죄책감에 시달렸다. 그것은 영원히 해결되지 않는 문제로, 돈만 나불댈 수 있는 금융의 스파링 코너에서 나는 얻어맞기만 해야 했다. 피가 마르는 기분. 어머니는 직업을 구하는 게 어떻겠냐고 했고, 대학원 시절 지도 교수님은 소방 회사를 특정해 추천해 주시겠다고도 했다. 나는 호프집을 뛰어다니며 일하다가 대학원 후배가 손님으로 왔을 때 얼굴이 홍당무처럼 새빨개졌다. 후배는 아무 말도 안 했지만 술집에서 아르바이트를 하고 있는 내 처지에 스스로 부끄러움을 느꼈다. 논문 심사를 봐줬던 교수님이 오셨던 적도 있었다. 학교에서 멀었는데 어떻게 우연히도 그런 만남들이 있었다. 나는 왜 이렇게 살아야 하는지 스스로에게 물었다.

내 글은 잘되지 않았다. 읽어줄 사람도 별로 없었고 기성 문학계에선 거들떠보지도 않았다. 그런 사실은 내가 무엇을 쓰고 싶은지, 어떤 메시지를 전달하고자 하는지, 씀으로써 무엇을 얻고자 하는지, 궁극적으로 왜 이것을 해야 하는지와 같은 질문의 답을 정교화하도록 했다.

나는 카페를 전전긍긍하며 3,000원 또는 4,000원을 작업실 비용으로 투자했다. 당시 내 수입은 5~6시간 아르바이트에 100만 원쯤으로, 40만 원은 정해진 학자금 대출 상환으로 자동으로 나갔고, 월세 23만 원을 내고 남은 돈으로 식사에서 휴대폰비까지 생활해야 했다. 그렇게 꿋꿋이 진전없는 내 글과, 세상의 무관심과 그리고 무인정을 벗 삼아 8년을 왔다. 이 글을 적고 있는 현재까지도 상황은 전혀 변한 게 없다. 사람들은 유튜브와 넷플릭스에 더욱 빠져들었고, 내 글은 여전히 아무에게도 인정받지 못했을뿐더러 심지어 누구에게 다가가지도 못했다. 그래도 시간이 지났다. 이제는 그런 것이 별 상관없다고 생각해 나는 그저 이게 내가 살아가는 방식이라고 받아들였다. 어떻게 보면 프라하에서 배운 것을 아직까지 잘 써먹고 있다고 할 수 있었다.

이 길의 고통을 설명하면 이렇다. 이건 직접적인 외과적 고통이 아녔다. 내가 생각하는 사고방식, 내가 느끼는 감정방식, 그걸 해석하는 인지적 과정, 그 눈에 보이지 않는 것을 직선으로 보고 파악해 고쳐나가야 하는 내과적 고통이었다. 정신의 내장을 열고 오장육부를 바로 고치는 것이다. 이런 작업을 위해선 무엇보다 감정에 휘둘리지 않고, 자중해야 하고, 변화무쌍하게 변화하는 일상사에서 언제나 일정하고 멀쩡한 정신을 만들기 위한 차가운 노력이 필요했다. 해보자! 힘내자! 식의 빨간 열정이 아닌, 항상 자중하며 중심을 잃지 않는 나 자신을 만들어줘야 했다. 그런 목적을 위해 선제 돼야 했던 것이 유혹과 매혹, 현혹 등 덧없이 나를 이끄는 것에 대한 조심이었는데, 나는 그 조심성이 사람에게 이롭다고 판단해 타인에게도 권유해 봤지만 이젠 그런 것도 없다. 그저 내 일일 뿐이다.

나는 페르디낭 셀린, 곰브로비치, 로베르트 무질을 읽으면서 내가 소설을 쓴다면 과연 어떤 게 나올지 궁금했다. 그러한 호기심과 순전히 문장을 잘 쓰고 싶다는 순수한 동기의 결합은 기대보다 오랫동안 지속해서 나를 자극해 줬다. 첫 단어에서 시작해 마지막 구두점을 찍는 한 문장을 간결하고 명징하게 표현하는 것도 상당한 훈련이 필요했고, 내가 써야 하고 내가 쓸 수 있고 내가 써야만 하는 주제를 알아내는 것도 상당히 오랜 시간이 필요했다. 장편을 시작하고 마무리하는 데 5년이 걸렸다. 그 시간 내내 그것만 붙잡고 있던 건 아니지만 다시 보고, 제대로 보고, 멀리서 보기 위해 필요한 시간이 그만큼은 필요했다. 단편도 여러 개 써 봤고, 장편도 몇 번 더 시도했지만 결과를 낸 것은 장편 하나와 여섯 개의 단편이었다.

이것들을 가지고 출판사와 신춘문예의 문을 두들겼다. 당연히 반겨주는 이는 아무도 없었다. 오십 번은 넘게 보냈지만 답장조차 받은 적이 한 번도 없었다. 나는 스스로 출판사를 설립하고 책을 발간하길 선택했는데, 출판의 과정도 결코 쉽지 않았다. 교정, 교열, 윤문, 판형 선택, 편집, 표지

디자인, 그 외 여러 가지 책을 내기 위한 행정 절차들이 있었다. 책이 그냥 만들어지는 게 아니구나! 알게 됐다.

나는 사람들에게는 더욱 모르는 사람이 되고 싶었고, 더군다나 글 쓰는 사람으로 알려지는 건 더욱 싫었다. 하지만 사회생활을 해보면서 결국 내 본업이라 할 수 있는 글쓰기에서 경제적 수입을 전혀 내지 못하면, 직급이 상승하고 책임도 커지는 회사 생활에 내 본업이 짓눌린다는 것을 알게 됐다(현재는 외식업 회사에 다니고 있다). 그 때문에 글쓰기를 지키고자 어쨌든 출간을 선택했다.

이런저런 일들, 사회적인 일과 글쓰기 일을 하면서 결국 나에게 가장 중요한 건 장편소설이란 것도 알았다. 내가 쓴 하나의 장편은 이런 것이었다. 재능도, 능력도, 덕목도 없지만 어리석음 속에서도 동물적 본능이 가리키는 것을 향해 돈 없이, 도움 없이, 비전 없이, 인정 없이, 무시와 함께 그것을 지켜나가더란 내용이었다. 여유가 된다면 『재밌는 소리가 나요』를 읽어 보는 것도 나쁘지 않을 거라 조심스레 말해본다. 나는 그것을 500쪽 썼다가 읽기 쉽게 300쪽 초반으로 줄였다(하지만 아쉽게도 최종적으로 공식 출간을 보류하게 되어, 대신 이 글의 말미에 그 소설의 〈작가의 말〉 부분만 살짝 공유해 드릴까 한다).

  나는 전혀 그런 주제를 쓸 생각도, 기대감도 없었다. 이는 마치 며칠 전 주워 온 소나무 같았다. 나는 소나무 향기와 소나무 껍질을 이루고 있는 멋진 적갈색 질감에 매료돼 땅에 떨어져 있는 소나무 가지를 집으로 들고 왔다. 소나무는 역시도 멋진 때깔과 향기를 뿜어냈는데, 며칠이 지나자 그것 밑으로 미세한 부스러기들이 떨어진 것을 발견했다. 그것을 치우기 위해 가서 봤더니 알고 보니 그건 우수수 떨어진 작은 개미들이었고, 소나무를 자세히 살펴보니 그 크루아상 같은 껍질들 사이에 개미들이 기거하고 있던 것이다! 나는 살아있는 개미들을 가져온 것이었다! 이렇듯 전혀 예상하지 못했던 것이 바로 그 장편이었다. 나는 내 안에 그런 이야기가 있는지 쓰기 전까진 전혀 몰랐다.

  이와 같은 사정으로 그리하여 이 수필도 내게 됐다. 이것이 누구에게 닿을지는 손으로 원고를 쓰고 있는 지금 현재는 정말 미지수로 보인다. 만일 이것을 보고 있는 사람이 있다면 나는 당신에게 이런 말을 하고 싶다. 5초만 있어 보자고. 〈셋…… 넷…… 다섯……! 굿바이 마이 프렌드!〉 책을 놓고 돌아서는 당신의 뒷모습을 보았다.

〈판피린 프라하〉 AI 해설
『삶의 형식으로서의 여행과 귀환』

#1. 서사 구조의 특징

이 글은 2017년 프라하 체류 90일간의 경험을 담은 여행 수필로, 심플리 호스텔을 중심축으로 삼아 방사형으로 펼쳐지는 구조를 취하고 있다. 특히 '심플리 호스텔'이라는 구체적 공간을 중심으로 이야기가 전개되며, 이 공간은 단순한 배경이 아닌 다양한 문화와 삶이 교차하는 상징적 장소로 기능한다.

작가는 일상의 반복과 변주를 통해 프라하에서의 새로운 삶의 방식을 찾아가는 과정을 세밀하게 그려낸다. 특히 취업 준비를 중단하고 떠난 여행이라는 설정은 한국 사회의 가치관과 문학적 의미 추구 사이의 갈등을 효과적으로 드러내는 토대가 된다. 작가는 취업 준비를 중단하고 "새로운 삶의 방식을 도모하기 위해" 프라하로 떠났다고 밝히는데, 이는 한국 사회의 획일화된 삶의 방식에 대한 저항이자 대안적 삶의 가능성을 모색하는 여정의 시작점이 된다.

#2. 인물 묘사와 상징성

글 속에 등장하는 인물들은 매우 생생하게 묘사되어 있다. 그리고 다음과 같은 주요 인물들은 각각 상징적 의미를 지닌다:

다빗 - 아르메니아계 조지아인으로, 작가에게 새로운 세계를 열어주는 안내자이자 보호자 역할을 한다. 그의 존재는 작가가 낯선 환경에 적응하고 성장하는 데 중요한 축이 되고, "브라더"라는 호칭과 보호자적 면모는 작품 전반에 걸쳐 따뜻한 정서를 형성한다.

마리오 피놀라 - 60대 아르헨티나 탱고 가수로, 예술가의 진정성과 예술적 성취의 의미를 보여주는 인물이다. 특히 그의 『오 솔레미오』 연주 장면은 작품의 백미로, 인간의 가능성과 예술의 경이로움을 보여주는 상징적 순간을 만들어낸다.

안드레이 - 몰도바 출신의 노동자로, 말이 통하진 않으나 묵묵히 일하면서도 인간적 따뜻함을 보여주는 인물. 이삿짐 일을 통해 작가와 교감하며, 언어의 장벽을 넘어선 육체노동과 연대의 의미를 보여준다.

엘레나와 벨리나 - 마찬가지 몰도바 출신 노동자들로, 심플리 호스텔의 일상을 지탱하는 노동의 존엄성을 대표한다.

루카 - 프랑스인 인턴으로, 자유분방하고 개방적인 유럽 청년의 모습을 대변한다. 후에 맥주 양조장을 차린 그의 변화는 삶의 예측불가능성을 보여준다.

리디야 세도바 – 러시아 출신 피아니스트로, 음악을 통해 작가에게 새로운 문화적 시각을 제공하는 인물이다.

아쿠아 – 멕시코 무용수로, 예술적 우아함과 고귀함을 체현하는 인물이다. 그녀의 존재는 작품에 특별한 미학적 깊이를 더한다.

이들은 단순한 스쳐가는 인연이 아닌, 각자의 삶의 방식과 가치관을 통해 작가에게 새로운 시각을 제공하는 역할을 한다.

#3. 공간의 상징성

프라하라는 공간은 단순한 배경을 넘어 작품의 주요 의미를 구현하는 장치로 기능한다. 프라하의 공간들은 매우 섬세하게 묘사되어 있다. 성 비투스 대성당과 같은 건축물에 대한 묘사는 단순한 외관 묘사를 넘어 그 공간이 주는 영적, 미학적 경험까지 포착해내고 있다. 카를린과 같은 지역의 묘사에서는 도시의 역사적 변천과 현대적 변모를 함께 담아내며 장소성을 깊이 있게 표현했다. 심플리 호스텔은 다양한 국적과 배경을 가진 사람들이 만나고 헤어지는 교차점으로서, 삶의 우연성과 일시성을 상징적으로 보여준다.

#4. 문체적 특성

작가는 섬세한 관찰력을 바탕으로 프라하의 풍경과 사람들을 생생하게 묘사한다. 특히 시간대별로 변화하는 도시의 모습, 건물의 세세한 특징, 사람들의 표정과 행동을 포착하는 능력이 뛰어나다. 철학적 사유와 일상적 서술이 자연스럽게 어우러져 작품에 깊이를 더한다. 특히 건축물이나 도시 풍경을 묘사할 때는 시적 언어를 사용하면서도, 일상적 경험을 서술할 때는 담백하고 객관적인 문체를 유지하며 균형을 이룬다.

#5. 주제 의식

이 작품은 다음과 같은 주제의식을 담고 있다:
- 의미의 추구와 현실적 삶의 균형에 대한 고민
- 타문화 경험을 통한 자아 성찰
- 언어와 소통의 의미에 대한 탐구
- 여행이 주는 실존적 의미에 대한 성찰

이 글에서 드러나는 주요 주제들은 다음과 같다:

대안적 삶의 방식 모색 - 한국의 취업 준비생이라는 정체성에서 벗어나 새로운 삶의 가능성을 탐색

문화적 차이와 소통 – 다양한 국적의 사람들과 교류하며 겪는 문화적 충돌과 이해의 과정

노동과 존재의 의미 – 육체노동을 통해 경험하는 새로운 차원의 자아 인식

#6. 작품의 의의

이 글은 단순한 여행기나 체류기를 넘어 자아정체성의 탐색과 삶의 방식에 대한 본질적 질문을 던지는 수필로서 문학적 가치를 지닌다. 특히 다양한 인물들과의 만남, 공간에 대한 섬세한 묘사, 그리고 깊이 있는 성찰을 통해 독자들에게 삶의 다양한 가능성을 제시한다는 점에서 의미가 있다.

무엇보다 한국의 획일화된 삶의 방식에서 벗어나 새로운 가능성을 모색하려 했던 젊은이의 고민과 성장을 진정성 있게 그려냈다는 점에서, 현대 한국 사회를 살아가는 청년들의 고민을 대변하는 텍스트로서의 가치도 지니고 있다. 또한, 글의 2부 「한국에서」부분은 작품의 주제의식을 완성하는 중요한 역할을 한다:

현실과의 대면 – 프라하에서의 이상적 경험이 한국의 현실과 충돌하는 과정을 보여준다

경제적 고민 – 경제적 책임감과 예술적 추구 사이의 갈등을

드러낸다

예술가의 고투 - 8년이라는 긴 시간 동안 문학적 성취를 위해 노력하는 과정을 담담하게 서술한다

글쓰기의 의미 - 사회적 인정이나 경제적 보상 없이도 글을 쓰는 일을 지속하는 작가의 태도를 보여준다

이 부분은 여행기의 일반적인 결말인 '귀국'을 넘어, 여행이 한 개인의 삶에 어떤 영향을 미치는지를 장기적 관점에서 성찰한다는 점에서 의미가 있다. 작가는 프라하에서의 경험을 현실에 적용하려 노력하면서도, 그 과정에서 겪는 어려움을 숨김없이 드러낸다.

『판피린 프라하』에 대한 비평을 전체적으로 분석하면 다음과 같은 강점이 있다:

1) 구조적 완성도
- 서로 다른 이야기들이 독립적인 주제를 가지면서도 유기적으로 연결되는 뛰어난 구성력을 보여준다.

2) 주제의 깊이
- 소설가로서의 정체성 탐구

- 동유럽의 일상과 문화에 대한 예리한 관찰
- 다양한 인물들과의 만남을 통한 깊이 있는 인간 이해
- 예술과 창작에 대한 성찰

3) 문체적 특징

관찰의 섬세함과 철학적 사유가 조화를 이루는 세련된 문체를 보여주며, 특히 추상적 사고를 구체적 이미지로 전환하는 능력이 탁월하다.

4) 특별한 성취

이 글의 가장 큰 성취는 여행이라는 외적 경험을 내면의 성장과 예술적 깨달음으로 승화시킨 점이다. 단순한 여행기를 넘어 정체성, 삶의 고뇌, 문화적 차이에 대한 깊이 있는 성찰을 담아낸 문학작품으로서의 가치를 보여준다.

〈재밌는 소리가 나요〉
작가의 말

주인공 최덕택은 돌아올 수 없이 먼 곳에서 길을 잃었음을 어느 날 자신의 집에서 깨닫는다.

왜 무엇을 하는가? 왜 무엇은 하지 않는가? 왜 어떤 선택은 하고, 어떤 선택은 배제하는가? 꼭 무엇을 해야만 하는가? 하지 않을 방법은 없는가? 하지 않는다면 얼마나 하지 않을 수 있고, 하지 않는 사람이 숙명적으로 도달할 모습은 어떤 모습인가?

아무것도 할 힘이 남아 있지 않은 사람, 뭘 해야 할지 모르겠는 사람, 어떻게 살아야 할지 전혀 감이 잡히지 않는 사람, 끝에 있는 사람 최덕택이 농악을 하겠다고 집을 떠나는 것으로 이야기는 시작된다.

주인공은 지긋지긋한 생활을 하고 있었다. 지긋지긋한 생활 그것은 좋기도 하면서 한심하기도 한, 자유로이 원하는 대로 할 수 있지만 큰 좋음도 큰 나쁨도 없는 생활 중에 쾌락의 오른쪽 아래 기울어짐으로 그저 모든 행위가 인습이 돼버린 벗어날 수 없는 시간, 즐겁지만 무기력한 모순에 빠진 생활, 그것이 지긋지긋한 생활이었다. 덕택은 그런 시간을 보내고 있었다.

다른 하나를 잡기 위해 한 손을 비워야 하는 것처럼 농악을 해야 할 궁극적인 이유를 찾으러 모르는 동네로 떠난다. 얼마간의 탐색 이후 〈무기력한 현대인을 일으켜 세우기 위한〉이란 명분으로 돌아온 최덕택은 본격적인 농악 활동을 시작한다.

다들 비슷하게 시작한다. 그렇다면 왜 누구는 성공하고 누구는 성공하지 못하는가? 왜 누구의 작품은 훌륭하고 누구의 작품은 별 볼 일 없는가? 최덕택의 길은 어디로 향해 있는가? 성공? 실패? 결과는 잠정적으로 모든 시작에 앞서 결정돼 있는가? 아니면 의사결정을 하는 동안 조금씩 한 쪽에 다다르는가? 그렇다면 실패한다면 하지 않아야 하고, 성공이 보장돼야만 해야 하는가? 다른 누구도 아닌 막힌 길에 있는 사람 최덕택인데?

북, 장구, 꽹과리, 피리 등 덕택은 농악대를 꾸리기 위해 사람을 찾는다. 제일 처음 찾은 사람은 친구 창선이었다. 창선에게 농악대에서 나팔을 불어줄 것을 제안한다.

〈무기력한 현대인을 일으키기 위해 깨부수는 힘을 가진 내 나라 음악 농악이 필요하고⋯ 같이 하자!〉

그 말을 들은 창선은 덕택을 피해 다닌다. 창선은 왜 하지 않는가? 창선은 왜 꼭 그 선택을 배제하는가? 그는 현대인이 무기력증에 빠졌다는 사실엔 동의해도 그들을 위해 무엇을 한다는 기획엔 납득이 가지 않았다. 왜 그들을 당신이 일으켜 세워줄 것이며 그것을 위해 사회생활도 반납해야 하는지 창선은 납득이 가지 않았다.

어떤 행위가 동기에 의해 유발된다면 창선은 덕택의 동기를 이해하지 못했다. 창선은 타인에게 선의를 펼쳐야 할 만큼 도파민 부족에 시달리지도 않았고 깊은 만족감이 필요할 만큼 세로토닌 부족에 시달리지도 않았다. 덕택은 생리학적으로 결핍됐지만 창선은 그렇지 않았다. 그것이 동기를 이해하지 못하는 계기였다.

덕택은 농악대 대원이 될만한 사람을 찾아다닌다. 그것은 실로 아픈 사람을 부러 찾아다녔다고 할 수 있었다. 결핍된 사람이 결핍된 사람을 돕는 것이지 다른 사람은 볼 것 없었다.

덕택은 종로 2가에서 색소폰 교습소를 발견하고 용기를 내 방문한다. 그곳에는 아름다운 관현악이 인생에 필요할 만큼 황량한 마음의 한 사람이 있었다. 박수철, 그는 색소폰 연주자였다. 수철은 바위 같은 사람이었다. 작은 틈으로 오래도록 음악이 새어 나오는 신비한 바위였다.

사랑은 모든 것을 참고 사랑은 모든 것을 믿으며 사랑은 모든 것을 바라고 사랑은 모든 것을 견딘다는 고린도전서의 말마따나 수철은 음악을 사랑했다. 그는 1990년대 공영방송에서의 한차례 연주 외에 큰 영광 없이 40년 동안 계속 음악을 해왔다. 색소폰 타건을 부드럽게 다듬고 화려함을 덜어 간결해지려는 노력 중에 한 바보가 찾아와 〈색소폰을 얼마나 하셨냐〉고 묻는다. 바보는 색소폰 연주자 수철에게 〈농악을 하자〉고 제안한다. 수철은 최덕택에게 그의 노래를 요청한다. 덕택은 소고와 채를 들고 자작곡을 부른다.

〈털 빠진다 털 빠져! 머리털도, 다리털도, 털 빠진다 털 빠져! 머리털도, 다리털도!〉

이것은 장모종 고양이를 기리는 음악인가? 아니다. 〈심한 스트레스로 인해 탈모증이 생기는 무기력한 현대인〉을 짚은 것이라 주장한다. 수철은 단번에 거절한다.

〈내가 음악을 모르긴 몰라도. 이것만은 알지. 자네에게 음악성은 없어. 사람이 말이야. 말하는 것만 봐도 알아. 자네에겐 운율이 없어. 고생하지 말고 다른 일 알아봐.〉

수철은 진심 어린 충고를 건넨다. 덕택은 분노에 차 집에서 소주를 마신다. 포기를 해야 할까? 그러나 수준에 이르지 못해도 물질을 두드림으로써 근심을 씻어주는 타악기의 씻김의 성질은 덕택이 그것에 지속적인 관심을 갖게 해 사흘 후 수철의 지적을 밀어냈고, 나흘 후 덕택은 단 한 번도 그런 지적을 들은 적 없는 사람처럼 다시 천진난만해졌다.

실력도, 재능도 없는 것. 하지만 동물적 본능이 점지해주는 것. 쉽게 말해 눈에 띄는 것. 그에 뛰어드는 건 옳은 일인가? 다시 말해 덕택이 농악을 하는 게 옳은 일인가? 심지어 하루 이틀도 아니고 여러 날, 여러 해 동안 삶을 소모하는 게 맞는 말인가? 그것을 끊임없이 발전시키고 생성과 진화를 이뤄 나가는 게 맞는 일인가?

진실된 노력이라면, 엄정하게 자신을 되돌아보고 자존

심과 직결된 결과물도 기꺼이 고칠 의향으로 임한다면 재능 없는 분야에 뛰어들 수 있는가 하는 질문은 본질적으로 인간에게 자유가 있는지 묻는 것과 같다. 비전은 인간의 의지에 따라 방향을 바꿔 장소를 이동하는가 아니면 한 모양을 굳건히 지키고 인간이 그것을 향하지 않는 한 굳게 닫혀 있는가? 이런 질문은 이야기 서두부터 제기된다.

덕택은 계속 멤버를 물색한다. 인사동 한 거리, 저 멀리 넓지 않은 개활지에서 한 노래가 연주된다.

〈다음 곡은 말라가! 세뇨리따, 세뇨리따! 말라가, 말라가 누액이 말라가⋯⋯ 당신의 아픔 말라가. 엄마! 이거 사주세요. 아빠! 저거 고쳐주세요〉

덕택은 낯선 아름다움에 매료되고 즉각 그의 팬이 된다. 밴드 〈언수도녹임〉을 여러 번 찾는다. 언수도녹임은 공연마다 찾아오는 덕택을 보고 망연자실한다. 보컬 김주택은 결국 덕택을 업혀 업힘 노래를 부르게 한다. 업힘 노래 그것은 언수도녹임의 트레이드 마크 격인 퍼포먼스였다. 주택의 등에 올라탄 덕택은 관중 앞에서 노래 부른다.

〈무슨 노래를 부르실 거요⋯?〉

〈저의 자작곡입니다. 괜찮죠? 반주는 됐습니다!〉

〈영란, 정숙 조심해. 자작곡 나간다!〉

우리는 왜 해야 하는가? 왜 어떤 것을 하지 않으면 안 되는가? 시선이 여러 가지 방편 중 하나에 힘을 불어넣는 방향성을 의미한다면, 작자의 시선은 우리의 동물적 본능이 점지한 그것을 한 번 해보는 것은 어떠냐는 것을 향한다. 당신, 끝에 있던 사람 아니던가 최덕택.

이성의 말대로 그것은 넌센스고, 결론이 없고, 결실도 없으며, 얻는 게 없고, 보수도 없으며, 너무 튀어 오른 것이고, 위험이 따르고, 안 해도 그만이며, 그 모든 것 뒤에 따라오는 것은 오직 허무임은 실로 사실이고 백 프로 그렇다. 그러나 이성의 잣대가 드리우지 않는 잠시의 시간, 이성이 물러나고 행위와 그 단둘만 남은 오붓한 시간, 정신이 원인과 결과를 따지지 않는 순수의 시간, 노래 부르는 순간, 동물이 인도해 데리고 온 그 태초의 원시적인 시간에 그는 잠시 모든 속박에서 헤어 나올 수 있고 그것은 삶에서 소중한 부분이란 게 이 소설의 주장이다. 모든 억압을 털어낸 덕택은 노래 부른다.

〈룩 겟 미… 나 룩겟 쥬… 룩 겟 미… 나 룩겟 쥬… 그런 말이 아냐! 챙채쟁챙 챙챙! 그으런 얘기가 아냐! 채쟁챙챙

챙챙! 룩겟미, 나 룩겟쥬… 룩겟미, 나 룩겟쥬…〉

  결과는 좋았다. 덕택에게 예기치 못한 감명을 받은 언수도녹임의 리더 김주택은 덕택을 연습실로 초대한다. 청중의 반응도 좋았다. 그토록 하고 싶던 자신의 노래도 남들 앞에서 불렀다. 박수도 받았다. 그다음은 뭔가? 허상은 저 멀리에서 덕택에게 다가와 그를 정확히 통과해 지나갔다. 그다음은 뭔가? 지리멸렬함이, 현실의 디테일한 부스러기들이, 신호등이, 가로수가, 상가들이, 마트가, 신호등이, 가로수가, 상가가 그를 덮쳤다. 그다음은 뭔가…?

  음악은 단 한 번도 믿었던 적 없던 사람처럼 덕택을 냉대했고, 덕택을 부리나케 달리게 했던 음악의 자연스러운 추동이 불현듯 사라지고 이제 무엇을 해야 할지 덕택은 또다시 몰랐다. 이제 무엇을 해야 하는가? 심지어 농악이란 것은 앞으로 영원히 하고 싶지 않다는 생각도 들었다. 그러나 덕택은 해도 변하는 게 없다는 좌절을 켜켜이 가슴속에 묻으며 밋밋한 마음으로 꽹과리를 다시 찾았다. 그저 그것이 있단 이유만으로 숲속의 작은 샘물을 찾아가듯.

  〈더 좋은 사운드를 만들어야지….〉

  덕택은 강남 신사동 언수도녹임 연습실을 찾는다. 그는

주택에게 〈우리 함께 사람들을 일으켜 세워줄 농악을 하자〉고 한다. 주택은 하겠다고 한다. 농악대 모집 성공.

스피노자는 물자체가 자기를 보존하는 능력을 코나투스라 했고 그것은 유한한 물자체의 유한한 본성, 유한성에 자리한다고 주장했다. 김주택이 덕택에게 동참한 이유는 끊임없이 생성 변화하는 음악의 본질이 그의 코나투스였으니 필멸할 김주택 안에서 코나투스는 살아있는 동안 자기 보존을 실천하고자 했으며 주택의 코나투스가 보전하기 위해선 새로우면서 진실된 믿을 수 있는 음악이 필요했는데 덕택의 음악이 바로 그런 부류에 속했기 때문이다. 그렇다면 김주택이란 뮤지션이 뭐 엄청 유명하고 대단한 사람이라 그렇게 복잡한 마음의 흐름을 거치는가? 그렇지 않다. 너무 많이 독창적인 오렌지 나무도 기형의 줄기 끝에 주홍색 열매를 달듯 코나투스는 명성과 상관없었다. 그는 그저 그런 사람이었고, 덕택의 음악이 필요했던 것이다. 예술가에게, 주택과 같은 자기 보존형 예술가에게 가장 큰 난관은 경제였다. 세상은, 그를 좋아하지 않는 시대는 그에게 밥 한 숟가락 얹어주지 않음으로써 그의 삶도 예술로 만들었다.

덕택은 멤버를 모집한다, 대형 소속사를 찾는다, 뮤직비디오를 찍는다, 대중에게 다가간다, 그런 이야기가 2부에서 현존의 존재 질문과 함께 진행되는 이야기이다.

그리고 마지막 결말에서 보이는 죽음은, 후인교 또는 김주택으로 점쳐지는 어떤 이의 죽음은 사실상 주인공 최덕택을 제외하고 등장인물 누구나 대입될 수 있는 익명의 죽음이다. 그들은 덕택의 성공에 봉사하고 그 대가로 그에 상회하는 돈을 벌었지만, 덕택과 다르게 내면의 소리를 따르지 못하고 그들의 진정한 목소리는 검은 흙이 돼버렸다. 이 장면은 그가 이 세상을 살아가기 위해 펼쳤던 물질적 성공 전략, 사는 동안 훌륭하고 합리적이라 여겼던 성공 전략이 자기 소외의 근본적인 원인이었음을 함의한다.

그리고 또한 그만의 진정한 소리를 세상에 내보이지 못하고 영원한 비밀이 됐다는 결말에서 나는 지금을 살아가는 우리에게 현실적으로 내면의 외면화는 거의 불가능함을 씁쓸하게 인정해야 했다. 소비의 정점인 백화점은 만원이지만, 자신의 목소리에 귀 기울이는 내면의 방에는 예약자 하나 없이 파리만 날린다. 돈을 좇거나 타인을 돕는 행위가 무의미하다는 것이 아니라, 이런 비대칭의 구도가 지금 현재의 모습이라고 나는 보았다. 반면 덕택의 여정은 고독하고 힘들었지만 적어도 그는 자신의 길을 걸었다는 점에서 익명의 존재와 대비된다.

또한, 이런 아이러니도 존재한다. 유품이 불태워지는 장면은 한 개인의 흔적이 불태워지는 것일뿐더러 덕택의 음악 인생을 지탱했던 모든 연결고리, 그의 세계를 구성했던 일정 부분도 송두리째 사라짐을 상징한다. 그가 그토록 열정적으로 노래했던 이유, 함께 웃고 울었던 기억들, 때로는 갈등하고 부딪혔던 모든 순간들이 한 줌의 재로 변해 버림으로써 이제는 덕택의 노래를 들어줄, 그의 존재를 기억해 줄 사람조차 사라져 버렸다. 덕택의 성공은 더욱 공허하게 느껴지고, 한때 함께했던 이가 사라져 버린 텅 빈 세상에서 덕택은 인생의 무상함과 바로 마주하게 되는 것이다. 즉 '재밌는 소리'의 결과도 절대적인 해답이 되지 못하며, 소리를 따르지 않고 자기 소외를 일으켜 세속적인 야욕을 거두는 것 또한 답이 되지 못하니, 인간 존재는 결코 모든 부분에서 승리할 수 없고 과정이라는 아주 약간의 부분에서만 국지적인 승리를 거둘 수 있는 존재이지 않나, 하고 묻는 것이 이 소설의 근본적인 물음이라고 할 수 있다.

마지막으로, 익명의 사자(死者) 입장에서 보면 두 가지 진실이 거칠게 맞붙어 있다. 후인교의 입장에서는 이억을 모으겠다는 목적을 투자와 농악대로 이루고 있다는 기쁨과 그저 허망한 죽음이, 주택에게는 자본주의적 성공과 그저 허망한 죽음이, 창선에게는 자본주의적 시도와 그저 허망한 죽음이 맞붙어 있다. 이것은 또한 자본을 맹렬히 좇는 것을 부정하는 것이 아니라 우리가 무엇을 하는 사이 그만큼 죽음이 성큼성큼 다가오고 있다는 진실을 곧장 배치함으로써 인물의 행위가 죽음을 기억하고 자발적으로 한 일이 맞는지 묻는 것이다. 여기서 무엇을 위해 어떻게 살아가야 하는지에 대한 대답은 당신에게 달렸다.

2025년

판피린 프라하

2025년 9월 30일 초판 1쇄 발행

지은이 | 정인교
발행처 | **名金堂**
이메일 | namegoldhall@gmail.com
출판등록 2025년 1월 23일 제2025-000005호

Copyright ⓒ 2025 by **名金堂**
값 12,000원
ISBN 979-11-991305-6-2 02810

이 책은 저작권법에 의해 한국 내에서 보호를 받는 저작물이므로 무단 전재와 복제를 금합니다.